Kyusho-Jitsu im Karate

Gichin Funakoshi´s Jintai-Kyusho

von
Achim Keller

Ich danke meinen Freunden,
die mich auf meinem Weg begleiten!

Achim Keller

Kyusho-Jitsu im Karate

Gichin Funakoshi´s Jintai-Kyusho

Bibliografische Information der Deutschen Nationalbibliothek:
Die Deutsche Nationalbibliothek verzeichnet diese Publikation in der
Deutschen Nationalbibliografie; detaillierte bibliografische Daten sind
im Internet über http://dnb.dnb.de abrufbar.

Impressum

© 2013 Achim Keller
Herstellung und Verlag: BoD – Books on Demand, Norderstedt

Illustration: Achim Keller
Satz und Layout: Achim Keller

ISBN: 978-3-7322-9016-1

Inhalt

Vorwort

In der heutigen Zeit wird wieder zunehmend das Thema „Jintai Kyusho" in vielen unserer Karate-Dojos trainiert.

Heute ist es bekannt unter der Bezeichnung „Kyusho-Jitsu". Andere Begriffe hierfür sind „Atemi-Waza", „Dim-Mak" oder „Dianxue". In diesem Buch verwende ich zum besseren Verständnis ebenfalls für „Jintai Kyusho" den Begriff „Kyusho-Jitsu"

Auch in anderen Kampfkünsten wird diesem Thema immer größere Aufmerksamkeit geschenkt. In den letzten Jahren entstanden einerseits ein immer größeres Interesse vieler Budokas an der Kunst der negativen Vitalpunktstimulation und andererseits ein breites Seminarangebot verschiedener Referenten aus unterschiedlichsten Kampfkünsten und Verbänden.

Schon Gichin Funakoshi hat dieses Thema in seinem Buch „Karate-Do-Kyohan – The Master Text" erörtert und eine Vielzahl von Vitalpunkten und ihre Wirkung beschrieben. Warum im deutschen Karate dieses Thema lange Zeit keine oder nur eine unbedeutende Rolle gespielt hat, könnte mehrere Gründe haben. Zum einen war und ist unser Karate sehr vom Sport und dem Wettkampf geprägt. Anderseits gab es kaum Meister, die sich mit dieser sehr komplexen Thematik genügend auskannten. Heute jedoch wollen immer mehr Karatekas einerseits Selbstverteidigung lernen und anderseits die Anwendungen der praktizierten Kata-Techniken verstehen.

Viele fortgeschrittene Karatekas interessieren sich verstärkt für die Anwendungen der Kata-Techniken, wie sie ursprünglich, zu Zeiten Gichin Funakoshis, unterrichtet wurden. Die Anwendung der Katatechniken unter Einbeziehung des Kyusho-Jitsu bietet eine intensive und sehr fortgeschrittene Form der Selbstverteidigung und ermöglicht uns, die Bedeutung der Kata-Techniken in Bezug zum realen Kampf zu verstehen.

Auch ich kam durch das intensive Studium unserer Karate-Katas und deren Bunkai zwangsläufig mit den Thema „Kyusho-Jitsu" in Berührung.

Seit vielen Jahren beschäftige ich mich eingehend mit dieser Materie. Ich begann mit dem Kyusho-Jitsu, das ich aus der Literatur von George Dillman kannte und später auf Okinawa kennengelernt hatte, bei Gebhard Lämmle. Seitdem besuche ich regelmäßig Seminare bei den weltweit führenden Meistern dieser „geheimen Kunst".

So trainiere ich beispielsweise bei George Dillman (10. Dan), Chris Thomas (9. Dan) und Will Higginbotham (9, Dan). Seit Jahren nehme ich regelmäßig Unterricht bei Paul Bowman (9. Dan) und seinem Instruktoren-Team. Hier lernte ich die ersten schlüssigen Umsetzungen des Kyusho-Jitsu in das Bunkai der Shotokan-Katas.

Im Februar 2013 veröffentlichte ich das in der Kampfkunstszene inzwischen weit verbreitete Fachbuch „Kyusho-Combat – Das Kompendium", ein Nachschlagewerk zu diesem Thema.

Durch intensives Studium und Training habe ich die Shotokan-Katas weitestgehend entschlüsselt und das Kyusho-Jitsu ins Bunkai einfließen lassen. Auf Lehrgängen in zahlreichen Dojos in ganz Deutschland habe ich dieses Thema wiederholt kampfkunstübergreifend vorgestellt. Die Zahl der Karatekas, die sich für dieses Thema interessieren steigt rasant an.

In diesem Buch möchte ich das Thema „Kyusho-Jitsu im Karate" ausführlich erörtern.

Anhand der von Gichin Funakoshi ausgewählten 40 Vitalpunkten stelle ich beispielhaft die Komplexität, aber auch die vielfältigen Möglichkeiten des Kyusho-Jitsu dar.

Gichin Funakoshi hat Punkte ausgesucht, die ein System ergeben, mit deren Hilfe die meisten Selbstverteidigungssituationen oder Kata-Bunkai beherrscht werden können. Wenn man diese Punkte trainiert, kann man relativ schnell gute Ergebnisse erzielen und lernen, sich wirkungsvoll zu verteidigen.

Somit können wir im Training das Bindeglied zwischen traditionellem Kata-Bunkai und dem vielfachen Wunsch nach wirkungsvoller Selbstverteidigung herstellen.

Der Autor

Achim Keller betreibt seit 1973 Karate und weitere Kampfkünste.
Er trägt den 7. Dan Karate (DKV), den 7. Dan Zendoryu Martial Arts sowie den 1. Dan Kyusho-Jitsu.
Achim Keller ist Karate-Lehrer und A-Trainer im DKV.
Während seiner langen Trainingszeit besuchte er Lehrgänge bei zahlreichen bedeutenden Karate-Meistern.
Darunter waren u. a. Masatoshi Nakayama, Hirokazu Kanazawa, Tetsuhiko Asai, Taiji Kase, Keinosuke Enoeda, Koichi Sugimura, Hidetaka Nishiyama, Hiroshi Shirai, Norihiko Iida, Katsunori Tsuyama, Patrick McCarthy und Hideo Ochi.

Danksagung

Auf meinem Weg des Karate-Do haben mich einige bedeutende Meister des deutschen Karate begleitet und meine Entwicklung maßgeblich beeinflusst. Hierzu zählen u. a. Franz Bork, Bernhard Milner, Fritz Nöpel, Hans Wecks, Peter Trapski und Shuzo Imai.

Von Ihnen konnte und kann ich sehr viel über das Karate-Do lernen.

Besonderer Dank gilt meinem ersten Karate-Trainer Rudolf Witte, der mich die ersten 20 Jahre meines Karate-Weges begleitet und gefördert hat. Er hat mich geprägt und mich für die Kunst des Karate-Do nachhaltig begeistert.

Hinzu kommen die vielen Trainingspartner und Wegbegleiter aus unserem Dojo und aus ganz Deutschland, mit denen ich nun schon teilweise 30 oder 40 Jahre die Freude an unserer Kampfkunst teile und hoffentlich noch lange teilen kann.

Der ständige Austausch mit diesen Menschen ist ein spannender und mich antreibender Prozess.

Gichin Funakoshi

Gichin Funakoshi wurde 1868 in der Stadt Shuri auf Okinawa geboren. Er war der einzige Sohn einer einfachen Samurai-Familie. Sein Vater war ein Experte im okinawanischen Stockkampf.

Während seiner Grundschulzeit begann Gichin Funakoshi, im Alter von 11 Jahren, bei Anko Azato mit dem Karate-Training. Dort lernte er auch den Karate-Lehrer Anko Itosu, einen Freund Azatos kennen, bei dem er ebenfalls Karate trainierte. Das Training bestand überwiegend aus Kata- und Makiwaratraining.

Eine Kata musste über viele Jahre geübt werden, bevor man die nächste Kata vom Meister gezeigt bekam.

Durch Itosu erlangte Funakoshi ein hohes technischen Können und ein ausgeprägtes Wissen über das Shuri-Te. Azato lehrte ihn die strenge Lehre des Sokon Matsumura. Beide Meister, Itosu und Azato, beeinflussten Funakoshi für den Rest seines Lebens.

1888 legte Gichin Funakoshi die Prüfung zum Hilfslehrer an der Schule in Shuri ab.

1891 wurde er nach Naha versetzt und zum Hauptschullehrer befördert. In Naha trainierte er u. a. mit Sokon Matsumura. Trotzdem hielt er immer den Kontakt zu seinen Lehrern in Shuri, Azato und Itosu.

Während das Karate überwiegend im Geheimen trainiert wurde, entwickelte Gichin Funakoshi schon sehr früh den Wunsch, diese Kunst der breiten Öffentlichkeit vorzustellen und zugänglich zu machen.

1902 leitete er eine Karate-Vorführung in Naha, die anlässlich eines Besuches von Shintaro Ogawa, des damaligen Schulkommissars der japanischen Provinz Kagoshima, organisiert wurde. Ogawa berichtete an das Kultusministerium in Tokyo.

Als Folge daraus wurde veranlasst, Karate in den Lehrplan der okinawanischen Schulen aufzunehmen. Itosu entwickelte daraufhin die Pinan (Heian) Katas.

1917 demonstrierte Gichin Funakoshi in Kyoto (Japan) das Karate zum ersten Mal außerhalb Okinawas.

1921 bat der japanische Kronprinz während eines Aufenthaltes auf Okinawa, wo er u. a. einer Vorführung Funakoshis beiwohnte, ihn darum, Karate ein weiteres Mal in Japan vorzuführen.

Gichin Funakoshi folgte dieser Einladung und reiste 1922 nach Japan. Zu dieser Zeit war er Vorsitzender der Okinawa Shobukai. Dies war eine Organisation, deren Aufgabe es war, die okinawanischen Kampfkünste zu verbreiten.

Noch im selben Jahr veröffentlichte Funakoshi sein erstes Werk mit dem Titel „Ryukyu Kempo". Darin beschreibt er seine 15 Shuri-Te-Katas.

1925 folgte sein zweites Buch „Rentan Goshin Karate Jitsu". In diesem Buch werden ebenfalls die 15 Karate-Katas beschrieben, die seinerzeit von Funakoshi trainiert und unterrichtet wurden.

1924 gründete Funakoshi an der Keiyo-Universität seinen ersten Karate-Club.

1926 und 1927 folgten an anderen Universitäten weitere Gruppen. Endlich konnte sich Funakoshi, dessen finanzielle Situation sich durch die wachsende Zahl seiner Schüler wesentlich verbesserte, seine erste eigene Wohnung finanzieren.

1935 erschien das Buch Karate-Do Kyohan – The Master Text"

1936 gründete er sein Shotokan-Dojo.

1943 begann Funakoshi, gemeinsam mit seinem Sohn Yoshitaka, die heute bekannten Kumite-Formen zu praktizieren, die bereits Jahre zuvor entwickelt wurden.

1945 wurde das Shotokan-Dojo bei einem Bombenangriff zerstört. Funakoshi reiste daraufhin nach Kyushu.

1947 kehrte er, nachdem seine Frau gestorben war, nach Tokyo zurück.

1948 zog sich Funakoshi zurück und er beauftragte Shigeru Egami, Karate in seinem Sinne weiterzuführen.

Gichin Funakoshi, den man heute als Begründer des japanischen Karate bezeichnet, verstarb am 26. April 1957 im Alter von 88 Jahren.

Das Shotokan-Karate

Das Shotokan-Ryu entwickelte sich aus dem Shuri-Te. Dies wiederum ist eine Form, die sich aus dem Tode, der alten Kunst Okinawas, weiterentwickelt und herauskristallisiert hat.

Zwischen 1930 und 1935 wurden von Funakoshi die heute bekannten und immer noch praktizierten Kumiteformen (Gohon-Kumite, Kihon-Ippon-Kumite, Jiyu-Ippon-Kumite und Jiyu-Kumite) entwickelt. Diese wurde 1943 erstmals offiziell unterrichtet.
Damit war eine Methode gefunden worden, die Kata-Techniken für die von vielen geforderte Selbstverteidigung zu unterrichten.

Gichin Funakoshi lehrte seinerzeit 15 Katas.

Nach 1957 wurde das Shotokan-Karate durch Masatoshi Nakayama und viele weitere Instruktoren der JKA als Wettkampfform in die gesamte Welt verbreitet.

Die 15 Katas des Shotokan-Ryu (zu Funakoshi´s Zeiten)

- Heian Shodan (Shuri-Te)
- Heian Nidan (Shuri-Te)
- Heian Sandan (Shuri-Te)
- Heian Yondan (Shuri-Te)
- Heian Godan (Shuri-Te)
- Tekki Shodan (Naha-Te)
- Tekki Nidan (Naha-Te)
- Tekki Sandan (Naha-Te)
- Bassai Dai (Shuri-Te)
- Kanku Dai (Shuri-Te)
- Jion (Tomari-Te)
- Jitte (Tomari-Te)
- Empi (Tomari-Te)
- Hangetsu (Naha-Te)
- Gankaku (Tomari-Te)

Weitere Shotokan-Katas (die heute zusätzlich trainiert werden)
- Bassai Sho (Shuri-Te)
- Kanku Sho (Shuri-Te)
- Meikyo (Tomari-Te)
- JiIn (Tomari-Te)
- Niju Shiho (Tomari-Te)
- Chinte (Shuri-Te)
- Sochin (Tomari-Te)
- Wankan (Tomari-Te)
- Goju Shiho Dai
- Goju Shiho Sho
- Unsu (Tomari-Te)

Die Geschichte des Kyusho-Jitsu

Kyusho-Jitsu ist keine eigenständige Kampfkunst und kein Kampfsport. Es kann in allen Kampfkünsten eingesetzt werden oder als eigenständiges und sehr effektives Selbstverteidigungssystem, wie z. B. das Kyusho-Combat, trainiert werden.

Die Bezeichnung Kyusho-Jitsu wurde zum ersten Mal von Hohan Soken (1889-1982) gebraucht.

Kyusho-Jitsu ist eine Kunst, die in weiten Teilen Asiens, z. B. auf Okinawa oder in China, über die Jahrhunderte nur im Geheimen weitergegeben wurde. Die Entstehung dieser Kunst wird im 13. Jahrhundert vermutet. Angeblich soll es von einem in den Bergen von Wutang lebenden Priester und Arzt namens Chang San-Feng mitentwickelt worden sein, der im Shaolinkloster in den Kampfkünsten ausge
bildet wurde.

Kyusho-Jitsu, Tuite-Jitsu und Kiai-Jitsu sind die Künste hinter dem Ryukyu Kempo Tode Jitsu. Aus dieser Kampfkunst entstand später das heute praktizierte Karate.

Der Begriff „Kyusho-Jitsu" kommt aus dem Japanischen und bedeutet wörtlich übersetzt „Die Kunst der Vitalpunkte". Oftmals wird er aber auch sinngemäß mit "Sekundenkampf" übersetzt.

In den nichtjapanischen Kampfkünsten ist das Wissen um die Vitalpunkte ebenfalls vorhanden. Es ist unter den Namen Dim Mak oder Shin na (China) und Kupso Sul oder Hyol Do Bop (Korea) sowie Marma-Adi (Indien) bekannt geworden.

Im Kyusho-Jitsu werden durch die Manipulation der Vitalpunkte energetische und neurologische Vorgänge des menschlichen Körpers beeinflusst

Die korrekte Anwendung des Kyusho-Jitsu verhindert die Feststellung jeglicher äußerer körperlicher Verletzung. Es werden Schwachstellen des menschlichen Körpers, (Nervenpunkte) angegriffen. Durch gezielte Angriffe auf die Nervenpunkte werden interne Körperstrukturen in Mitleidenschaft gezogen.

Die Nervenpunkte reagieren auf:

- Druck
- Schlag
- Reibung

Um eine optimale Wirkung zu erzielen, muss bei der Technikausführung auf folgendes geachtet werden:

- Korrekter Angriffswinkel
- Einsatz der richtigen Waffe
- Einsatz der richtigen Kraft
- Druck, Schlag oder Reibung

Wir unterscheiden folgende unterschiedliche Reaktionen des Körpers:

- Schmerz
- Lähmung
- Gleichgewichtsstörung
- Ohnmacht

Das Einsetzen der Druckpunkte an Nerven und Gefäßen hat einen sehr großen Effekt für die Selbstverteidigung und das Kata-Bunkai.
Das Studium des Kyusho-Jitsu beginnt mit dem Erlernen der Grundlagen der Traditionellen Chinesischen Medizin und den vitalen Körperpunkten mit dem Ziel die Kampfkunst–Techniken effektiver anzuwenden. Man lernt in welcher Richtung, Reihenfolge und in welcher Intensität die einzelnen Punkte angegriffen werden müssen.

Ein wichtiges Element des Kyusho-Jitsu ist das Studium der Reaktion des Körpers auf die Stimulation diese Punkte. Das Aneignen dieses Wissens über die Anatomie des Menschen ist ein wichtiger Teil von Kyusho-Jitsu. Dieses Wissen wurde in den Bewegungen der Kata verschlüsselt und über Generationen erhalten und weitergegeben. Anstatt von muskulärer Kraft Gebrauch zu machen, nutzt man beim Kyusho-Jitsu die Kenntnisse über den menschlichen Körper um einen Angreifer zu kontrollieren oder zu überwältigen. Kyusho-Jitsu-Praktiker kennen keine Abwehr. Jede von ihnen ausgeführte Technik wird als Angriffe auf Vitalpunkte gesehen. Ziel ist immer, den Gegner mit minimalem Energieaufwand unter Kontrolle zu bringen oder Bewusstlos zu machen. Kyusho-Jitsu wurde über Jahrhunderte geheim gehalten und in den Katas des Ryukyu Kempo Tode Jitsu verschlüsselt. Es wurde von George Dillman (10. Dan), einem amerikanischen Kampfkunstexperten, erforscht und wiederentdeckt.

Dieser erklärt, er habe sein Wissen von Hohan Soken, einem alten Karate-Meister, welcher nicht sterben wollte ohne das geheime Wissen um die Entschlüsselung der Kata weitergegeben zu haben.

Professor George Dillman möchte verhindern, dass dieses Wissen noch einmal verloren geht. Mittlerweile setzt das Kyusho-Jitsu seinen Siegeszug in Europa und somit auch in Deutschland fort.

Kyusho-Jitsu erfordert eine genaue Kenntnis über die Lage und der Anwendung der vielfältigen Angriffspunkte.
Diese Punkte haben unterschiedliche Funktionen. Jeder muss um eine Reaktion und gute Ergebnisse zu erzielen in einem besonderen Winkel geschlagen, gedrückt oder durch Reibung aktiviert werden. In der Anwendung der Kata werden die Lokalisierung der Punkte und die Wechselbeziehung untereinander untersucht. Einige der Bewegungen der Kata stellen das Vorgehen des Gegners dar. Andere zeigen präzise, die anzugreifenden wirksamsten Punkte. Deshalb haben die Karatemeister immer die Notwendigkeit der Veranschaulichung während der Praxis der Kata unterstrichen. Aus diesem Grunde nahmen sich die alten Meister mehrere Jahre Zeit, um eine Kata zu erlernen und ihre vielfältigen Anwendungsmöglichkeiten zu studieren.

„Jutsu" bedeutet auf Japanisch in etwa „Handfertigkeit" oder „Kunst".

Ryūkyū Kempo Tode Jitsu

Mit Ryukyu Kempo Tode Jitsu wird das ursprüngliche System der Selbstverteidigung bezeichnet, das von verschiedenen Experten der Kampfkunst aus China und Okinawa entwickelt wurde. Diese Entwicklung vollzog sich mit unterschiedlicher Einflussnahme.

Die Karatemeister Anko Itosu und Gichin Funakoshi formten aus dem Ryukyu Kempo Tode Jitsu das heute praktizierte Karate und führten es in den Schulen Okinawas ein.

Das ursprüngliche Ryukyu Kempo Tode Jitsu wird noch heute von George Dillman (USA) gelehrt. Es enthält die wichtigen Elemente Kyusho Jitsu und Tuite Jitsu und Kiai Jitsu.

Wichtige Hinweise!

Jeder, der Kyusho-Jitsu lehrt und lernt, muss sich seiner Verantwortung bewusst sein.

Übe die in diesem Buch beschriebenen Techniken nur unter Anweisung eines fachkundigen Kyusho-Jitsu-Meisters.
Wende die Techniken nicht unbedacht an.
Die Gefahr, jemanden schweren gesundheitlichen Schaden zuzufügen oder den Tod herbeizuführen, ist sehr groß.

Übe erst, wenn Du die Reanimationstechniken beherrschst. Diese können nur im Training oder bei Seminaren unter der Leitung eines erfahrenen Kyusho-Meisters und nicht aus einem Buch oder Video erlernt werden.

Der Autor übernimmt keine Verantwortung für eventuelle Schäden, die durch unsachgemäßes Anwenden der in diesem Buch beschriebenen Techniken verursacht werden.

Anmerkung:
Die in diesem Buch genannten Techniken und Katas sind lediglich Beispiele.
Die Anwendbarkeit des Kyusho-Jitsu ist zu vielfältig, um eine komplette Aufzählung der Techniken und Katas zu ermöglichen.
Bei den Anwendungen der Techniken ist darauf zu achten, dass die Vitalpunkte entweder mit der Ausholbewegung oder mit der Technikausführung stimuliert werden können.

Die beispielhaft genannten Techniken und Katas bieten einen einfachen Einstieg in die insgesamt sehr komplexe Materie.
Jeder, der sich langfristig mit Kyusho-Jitsu beschäftigt, wird eine Vielzahl weiterer Möglichkeiten herausfinden.

Grundregeln für das Üben des Kyusho-Jitsu

Die hier aufgeführten Regeln müssen unbedingt eingehalten werden!

Der gegenseitige Respekt und die Gesundheit unserer Trainingspartner sind das höchste Gut.

- Das Training muss unter der Leitung eines qualifizierten Kyusho-Jitsu-Meisters stattfinden.
- Stelle sicher, dass Du die Wiederbelebungstechniken (Reanimation), sowie Techniken zur Energierückführung beherrschst.
- Trainiere nicht länger als 15-20 Minuten pro Woche.
- Während einer Trainingseinheit nicht die Körperseiten wechseln, sondern nur Punkte auf einer Körperseite angreifen.
- Personen mit gesundheitlichen Problemen dürfen **kein** Kyusho-Jitsu trainieren.
- Ohne ärztliche Aufsicht oder Anwesenheit eines erfahrenen Kyusho-Jitsu-Meisters dürfen keine Knock-Out-Techniken ausgeführt werden.
- Wende keine Überkreuztechniken (gleiche Punkte auf beiden Körperseiten) an.
- Berühre im Training die Punkte nur leicht.

Wichtige Informationen

- Angriff auf einen Punkt erzeugt Schmerz an dieser Körperstelle
- Zeitgleicher Angriff auf zwei Punkte kann Schmerzen in der geografischen Mitte der beiden Punkte verursachen.
- Ein zeitgleicher Angriff auf drei Punkte führt nahezu immer zu einer Bewusstlosigkeit mit einer hohen Chance auf Wiederbelebung. Ein Drei-Punkte-Knock-Out erfordert den gleichzeitigen Einsatz beider Hände.
- Ein Angriff auf vier Punkte kann zu einer Beeinträchtigung der Funktion eines Organs führen. Bewusstlosigkeit oder Tod können die Folge eines solchen Angriffs sein. Welches Organ betroffen ist, hängt davon ab, welcher Meridian angegriffen wurde und in welcher Reihenfolge die Punkte stimuliert wurden. Die Energie muss sofort reanimiert werden.

Die Formen des Knock Outs

1. **sehr leichter KO**
   Der Betroffene verliert für wenige Sekunden das Bewusstsein. Die Beine knicken ein.
2. **leichter KO**
   Leichte Bewusstseinsstörung. Teilweise Verlust über die Motorik.
3. **mittlerer KO**
   Der Betroffene sackt zu Boden.
4. **tiefer KO**
   Der Betroffene verliert, teilweise für mehrere Minuten, das Bewusstsein und fällt zu Boden. Keine Kontrolle über den Körper.
5. **sehr tiefer KO**
   Da hierbei lebenswichtige Organe betroffen sind, muss eine sofortige, vollständige Reanimation und Energierückführung durchgeführt werden.

Wie erlerne ich Kyusho-Jitsu?

Zur Beantwortung dieser wichtigen Frage gebe ich immer wieder folgende Hinweise:

- Erlerne zunächst die theoretischen Grundlagen der TCM
    - Die Polaritäten
    - Die 5 Elemente
    - Die Meridiane
    - Die Vitalpunkte und ihre Zuordnungen

- Erlerne folgendes über die Anatomie des menschlichen Körpers
    - Aktiver Bewegungsapparat
    - Passiver Bewegungsapparat
    - Nervensystem

- Lerne bei einem erfahrenen Kyusho-Jitsu-Meister
- Besuche regelmäßig Seminare
- Trainiere regelmäßig mit unterschiedlichen Partnern
- Erlerne die verschiedenen Reanimationstechniken und übe diese regelmäßig

Kyusho-Jitsu/Atemi-Waza wird in folgende Gruppen unterteilt:

Kyusho-Ate	=	Angriffe auf die **Vitalpunkte**
Kansetsu-Ate	=	Angriffe auf die **Gelenke**
Kinnuki-Ate	=	Angriffe auf die **Muskeln/Sehnen**
Kekkan-Ate	=	Angriffe auf die **Blutgefäße**
Nodo-Ate	=	Angriffe auf die **Atmungsorgane**

Die Haupt-Xue

Im Kyusho-Jitsu unterscheiden wir fünf Gruppen verletzlicher Punkte am menschlichen Körper:

Hun Xue:
Punkte, die Ohnmacht bewirken.

Ya Xue:
Punkte, die eine teilweise oder vollständige Handlungsunfähigkeit verursachen.

Ma Xue:
Punkte, die eine Lähmung herbeiführen.

Si Xue:
Punkte, die den Tod herbeiführen.

Mu Xue:
Punkte, die multiple Komplikationen zur Folge haben. Die unterschiedlichen Auswirkungen können ebenfalls zum Tod führen.

Für Angriffe auf Punkte der ersten vier Gruppen ist die Tageszeit des Angriffs nicht so entscheidend.
Die Wirkung ist allerdings dann am Größten, wenn die Punkte in der Zeit angegriffen werden, während der Meridian sein energetisches Maximum hat.

Bei Angriffe auf Punkte der fünften Gruppe ist eine Wirkung nur zu erzielen, wenn die Punkte in der Zeit des energetischen Maximums des entsprechenden Meridians stimuliert werden.

Das Nervensystem des Menschen

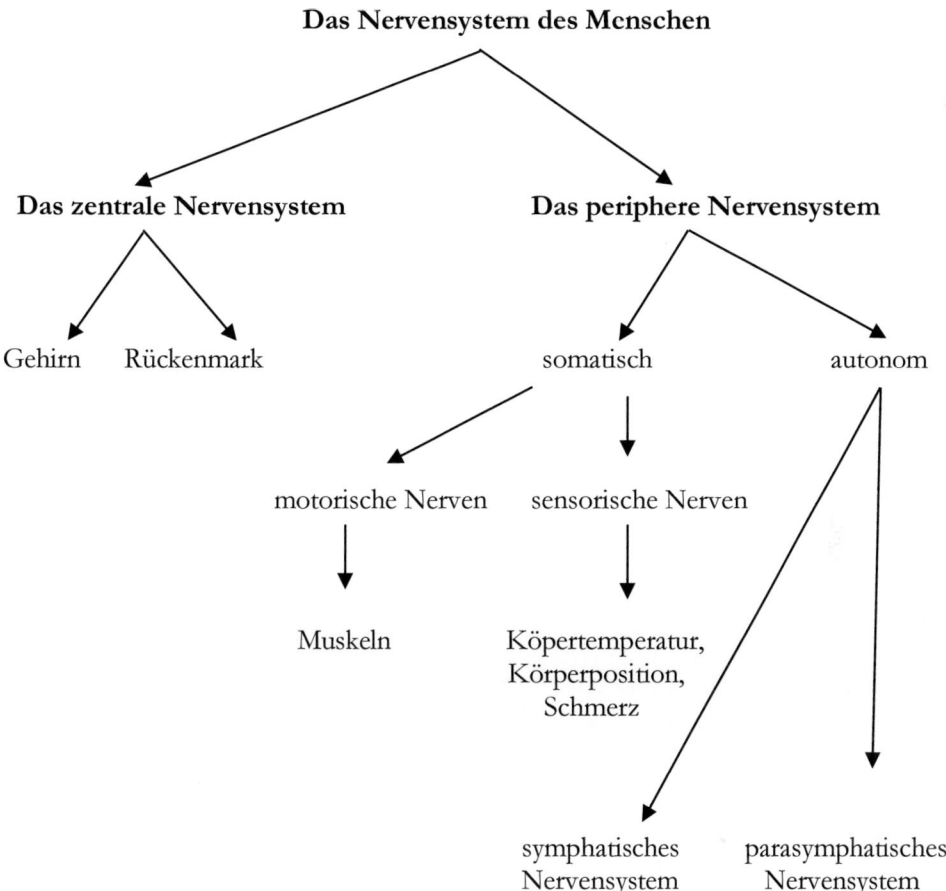

Das Nervensystem des Menschen

Das zentrale Nervensystem

Gehirn   Rückenmark

Das periphere Nervensystem

somatisch   autonom

motorische Nerven   sensorische Nerven

Muskeln

Köpertemperatur,
Körperposition,
Schmerz

symphatisches   parasymphatisches
Nervensystem   Nervensystem

Das Nervensystem des Menschen besteht aus zwei Bestandteilen, dem zentralen Nervensystem und dem peripheren Nervensystem.

Das zentrale Nervensystem setzt sich aus dem Gehirn und dem Rückenmark zusammen. Das periphere Nervensystem besteht aus allen anderen Nerven des menschlichen Körpers. Es ist weiterhin unterteilt in das somatische und das autonome Nervensystem. Das somatische Nervensystem besteht aus den motorischen Nerven, welche die Muskeln kontrollieren und den sensorischen Nerven, welche den Schmerz, die Körpertemperatur und die Körperposition kontrollieren.

Das autonome Nervensystem kontrolliert unbewusst
- den Blutdruck
- den Herzschlag
- die Verdauung
- die Ausscheidung
- die Atmung und
- den Schlaf.

Die beiden Bereiche des Systems, das sympathische und das parasympathische Nervensystem handeln an den inneren Organen in einer antagonistische Weise.

Das eine erhöht die Aktivität eines Organs, das andere mindert die Aktivität des gleichen Organs. Einige dieser Organe, wie zum Beispiel der Magen oder der Darm werden durch das parasympathische Nervensystem stimuliert. Andere Organe, wie die Lunge und das Herz werden durch das sympathische Nervensystem stimuliert.

Es ist wichtig zu wissen, dass jedes Organ durch beide Nervensysteme beeinflusst wird, wenn auch auf unterschiedliche Weise.

Bedeutung für das Kyusho-Jitsu

Ein Großteil der Kyusho-Punkte liegt auf den peripheren Nerven des somatischen Nervensystems.
Angriffe auf Punkte der motorischen Nerven können Schmerz und Lähmung hervorrufen.
Durch Angriffe auf Punkte der sensorischen Nerven können starke Schmerzen verursacht werden. Außerdem hat das somatische Nervensystem eine neurologische Verbindung zum autonomen Nervensystem der inneren Organe. Das ist sehr bedeutsam, denn die Stimulierung des somatischen Nervensystems kann Veränderungen im autonomen Nervensystem hervorrufen.

Im folgenden Text beschreibe ich die von Gichin Funakoshi ausgewählten und in seinem Buch „Karate-Dô Kyôhan – The Master Text" beschriebenen 40 Kyusho-Punkte. Dies soll zeigen, dass es die Anwendung dieser Techniken schon sehr früh im Karate gab.

Danach stelle ich einige Punkte/Techniken vor, die ich im Training überwiegend einsetze und die von Gichin Funakoshi nicht dokumentiert wurden.

Ich beschreibe Lage der Punkte, sowie Wirkung und Art des Angriffs. Weiterhin werden Beispiele von Techniken und Katas benannt. Zusätzlich erkläre ich, wie man die Wirkung der Angriffe durch Maßnahmen der Energierückführung wieder rückgängig machen kann.
Ich nenne in diesem Buch Beispiele aus dem Shotokan-Ryu. Selbstverständlich ist das Kyusho-Jitsu auch in allen anderen Karate-Stilen und Kampfkünsten einsetzbar.

Jintai Kyusho bedeutet „Nervenpunkte des menschlichen Körpers".

In diesem System werden sowohl Körperzonen als auch gezielt einzelne Nervenpunkte angegriffen.
Dies vereinfacht das Erlernen und die Anwendung der Techniken.

Grafische Übersicht der wichtigsten Kyusho-Punkte

Vorderansicht

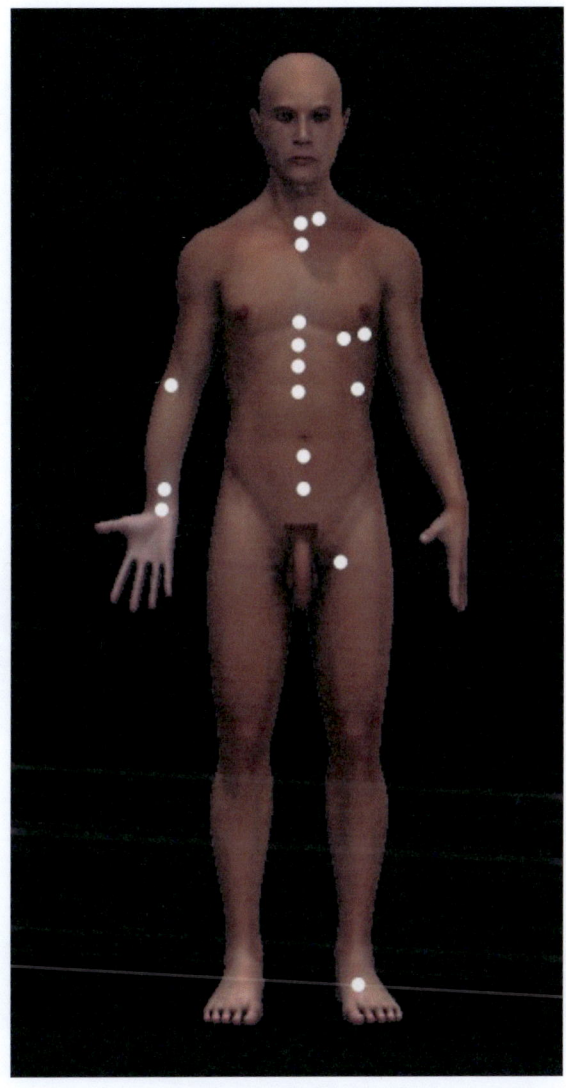

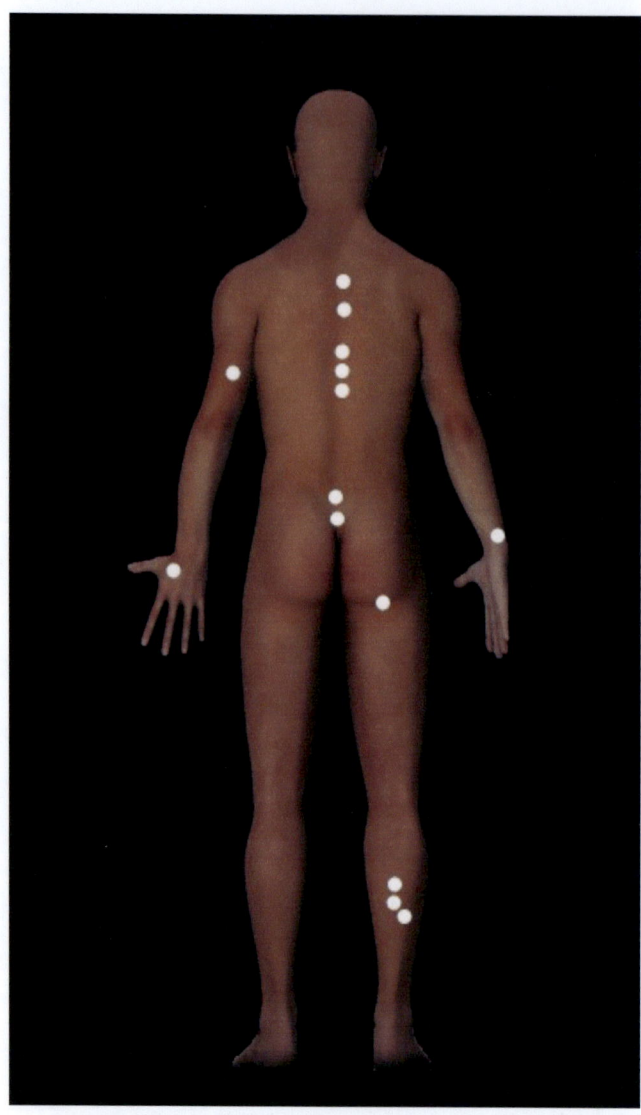

Seitenansicht

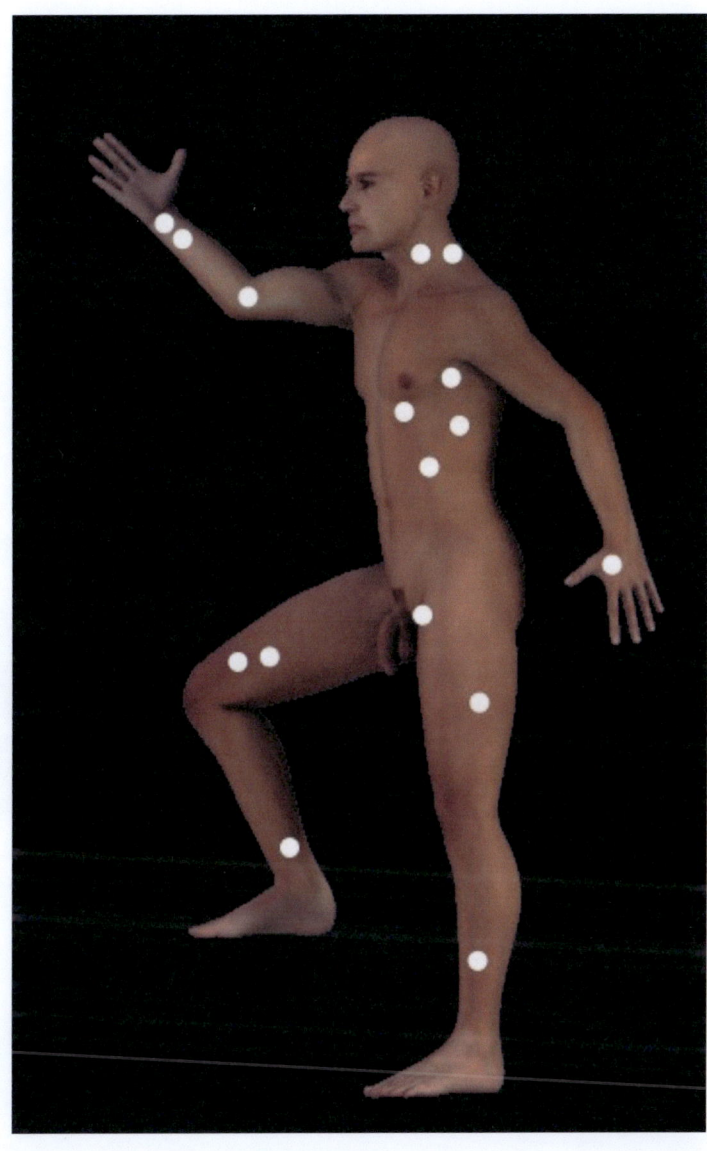

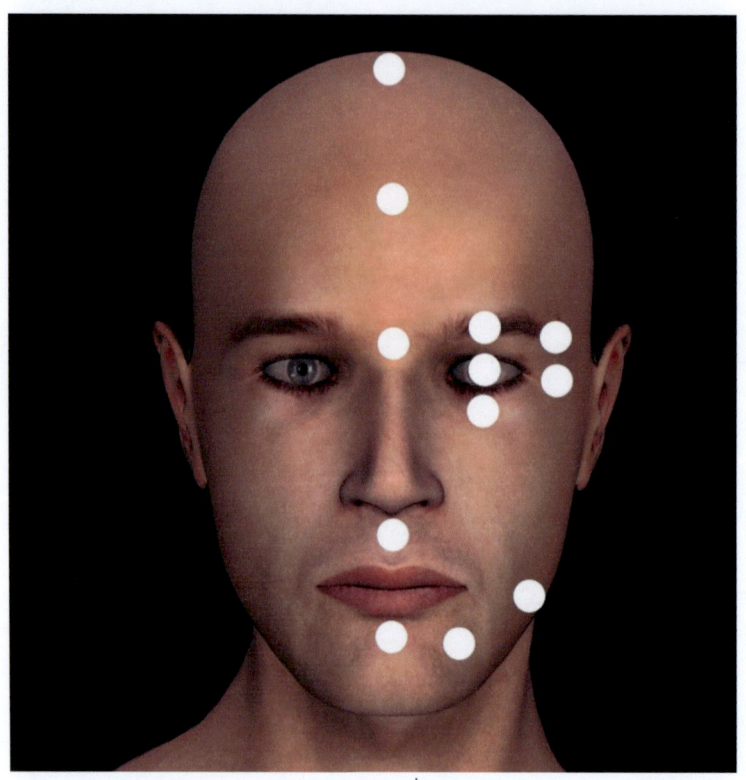

Hals

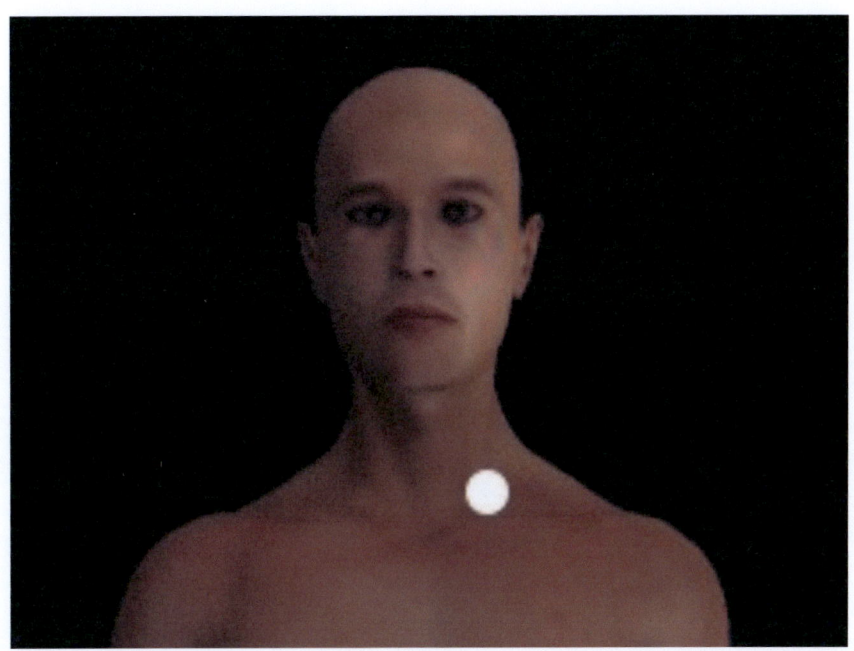

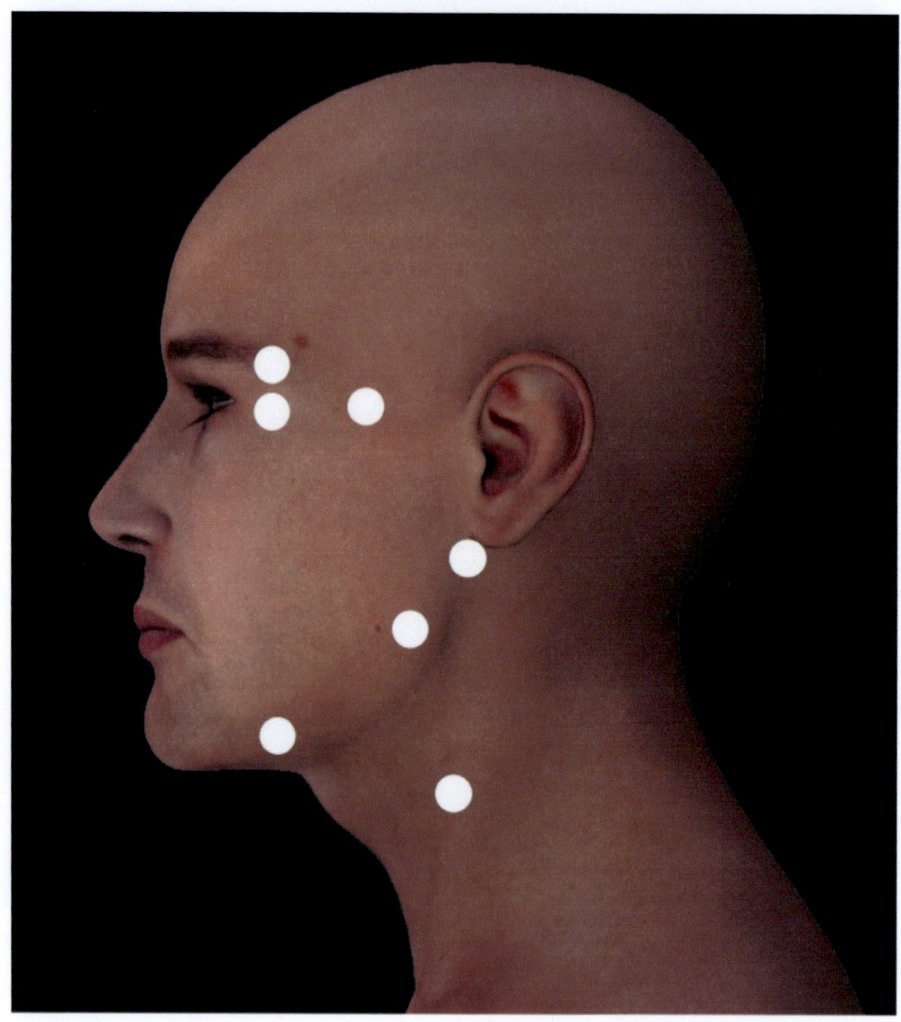

Hinteransicht Kopf

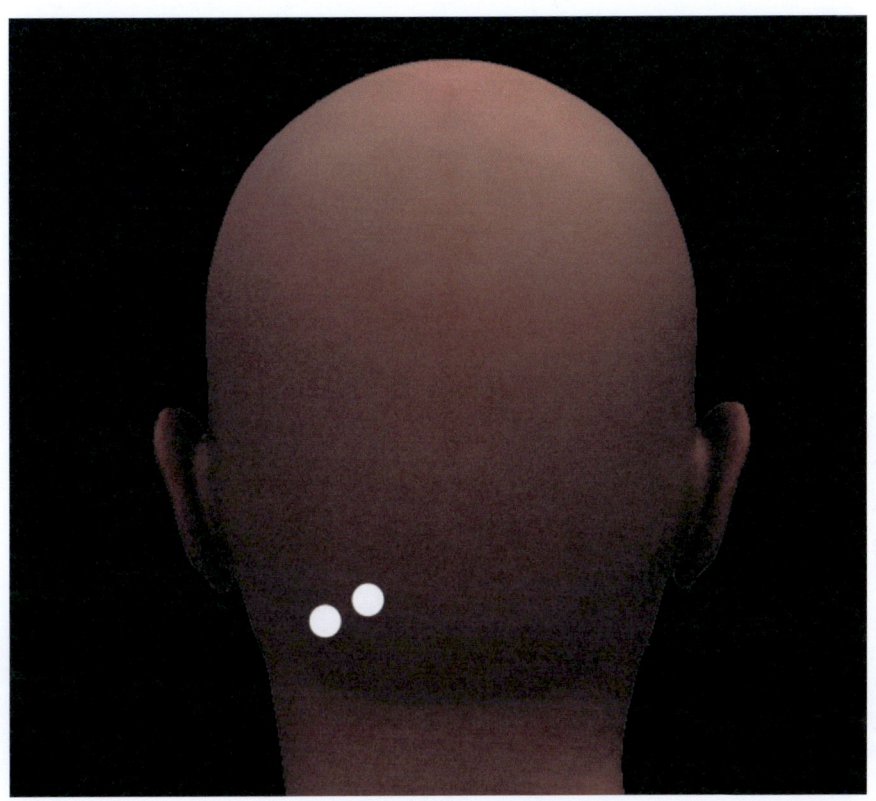

Jintai Kyusho/Kyusho Jitsu

急

所

術

Vorderseite:

Kopf und Gesicht (Jodan)

Ein Schlag auf gleich welchen der Vitalpunkte im Jodan-Bereich verursacht eine Gewalteinwirkung auf die Schädelnerven, was zum Verlust der Nervenkoordination oder des Bewusstseins führt und einen Gefäßschock bewirkt.

Wir unterscheiden 12 Schädelnerven, die sensorische, motorische oder kombinierte Funktionen besitzen.

Tendô

Linie, an welcher der vordere Knochen und die seitlichen Knochen zusammentreffen.

Lenkergefäß 20

Polarität	Element	Farbe	Wirkung durch
Yang	-	weiß	Schlag

Bezeichnung			
deutsch	lateinisch	chinesisch	japanisch
Zusammenkunft aller Leitbahnen	conventus omnium	baihui	tendô

Lokalisation:
Auf der Mitte des Schädeldaches, ca. 7 PZ (Cun) vom hinteren Haaransatz, 5 PZ (Cun) vom vorderen Haaransatz entfernt. Verbindungslinie der höchsten Punkte der Ohrmuschel am Schnittpunkt dieser Linie mit der Kopfmittellinie.

Gegend:
Scheitelgegend

Angriffsrichtung/Angriffswinkel:
Im 45°-Winkel von hinten oben, in Richtung Ohr.

Waffe/Technik:
Tetsui-Uchi, Teisho-Uchi, Otoshi-Empi

Kata:
Heian Shodan, Chinte

Wirkung/Schaden:
Achtung! Ein Angriff auf diesen Punkt ist sehr gefährlich.

a) durch einen leichten Angriff:
Bewusstlosigkeit, Kopfschmerzen

b) durch einen mittleren Angriff:
Schock

c) durch einen starken Angriff:
Schock, Tod

d) allgemein:
Bei großer Auftrefffläche werden die vier Extrapunkte um LG 20 mit stimuliert.
Kontrollverlust über die Motorik der Beine
Todesursache ist eine schwere Gewalteinwirkung auf das Gehirn und eine
Unterbrechung der Schädelnerven.

Erste Hilfe/Gegenmittel/Energierückführung
Leichter Druck auf Gallenblase 20 und dann starker Druck auf Dickdarm 10.
Dies verursacht beim Getroffenen leichte Zuckungen. Bleiben diese Zuckungen aus,
muss sofort mit der Reanimation begonnen werden. Schockminderung durch
Stimulation von Lenkergefäß 26.

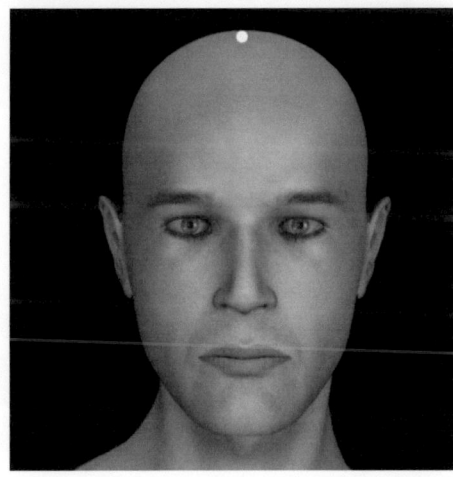

Tentô (Stirnfontanelle)

Gebiet zwischen der Stirn und der Scheitelnaht, das bei einem neugeborenen Kind noch nicht durch Knochen verschlossen ist und die Pulsaktionen des Gehirns erkennen lässt.

Lenkergefäß 24

Polarität	Element	Farbe	Wirkung durch
Yang	-	weiß	Schlag

Bezeichnung			
deutsch	**lateinisch**	**chinesisch**	**japanisch**
Vorhalle der konstellierenden Kraft	vestibulum shen	shenting	tentô

Lokalisation:

In der Kopfmittellinie 0,5 PZ (Cun) innerhalb der vorderen Haargrenze.

Gegend:

Stirngegend/Scheitelgegend

Angriffsrichtung/Angriffswinkel:

Direkt im 90°-Winkel.

Waffe/Technik:

Tetsui-Uchi, Empi

Kata:

Heian Shodan, Chinte

Wirkung/Schaden:

a) durch einen leichten Angriff:
Kopfschmerz, Benommenheit

b) durch einen mittleren Angriff:
Gehirnerschütterung, Ohnmacht

c) durch einen starken Angriff:
evtl. Schädigung des Gehirns, Ohnmacht, Tod
Todesursache ist Gehirnerschütterung und Gewalteinwirkung auf die Schädelnerven.

Erste Hilfe/Gegenmittel/Energierückführung
Leichter Daumendruck auf Herz 6.

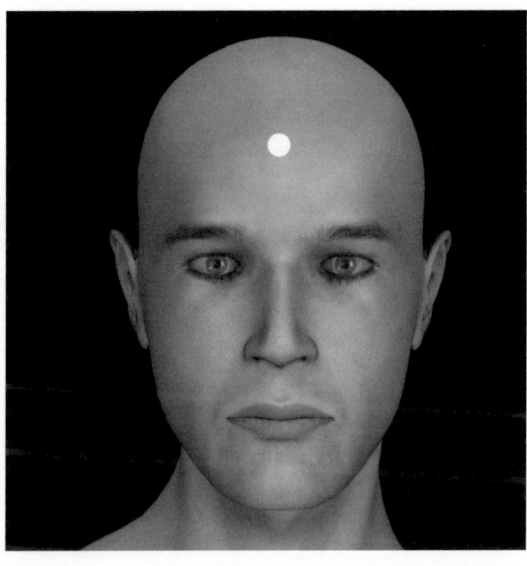

Kasumi (Schläfe)**,** M-HN 5, Ex 2, Ex-KH 5
Insbesondere die Naht zwischen Wangenknochen und Stirnknochen.

Polarität	Element	Farbe	Wirkung durch
keine	kein	keine	Druck, Schlag, Reibung

Bezeichnung			
deutsch	**lateinisch**	**chinesisch**	**japanisch**
Die Sonne, das große Yang	yang maior	taiyang	kasumi

Lokalisation:
In der Mitte der Schläfe.

Gegend:
Schläfengegend

Angriffsrichtung/Angriffswinkel:
Im 90°-Winkel direkt nach innen.

Waffe/Technik:
Mawashi-Zuki, Ippon-Ken, Haito-Uchi, Shuto-Uchi, Empi-Uchi

Kata:
Heian Yondan, Bassai Dai, Sochin, Unsu, Goju Shiho Sho

Wirkung/Schaden:
Achtung! Dieser Punkt ist sehr gefährlich.

a) durch einen leichten Angriff:
örtlicher Schmerz, Benommenheit, Desorientierung

b) durch einen mittleren Angriff:
starker örtlicher Schmerz, Bewusstlosigkeit, Gehirnschock, Tod

c) durch einen starken Angriff:
starker örtlicher Schmerz, Bewusstlosigkeit, Gehirnschock, Tod
Bewusstlosigkeit resultiert aus einer Gewalteinwirkung auf die Schädelnerven, was einen
Verlust der sensorischen und motorischen Funktionen bewirkt.

Erste Hilfe/Gegenmittel/Energierückführung
Sofort reanimieren.

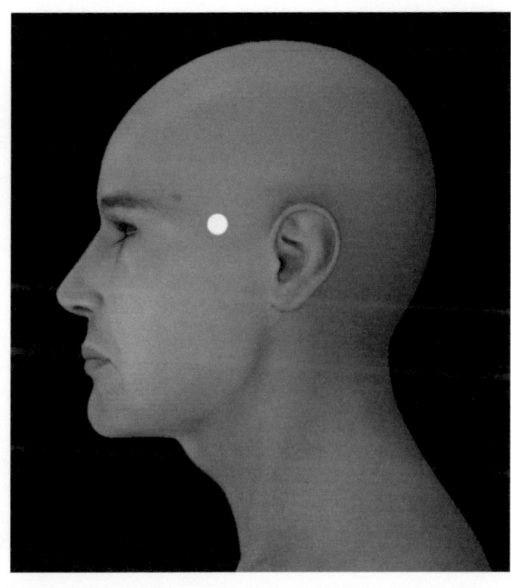

Dreifach-Erwärmer 23

Polarität	Element	Farbe	Wirkung durch
Yang	Feuer	rot	Druck, Schlag

Bezeichnung			
deutsch	lateinisch	chinesisch	japanisch
Mit Geigen und Flöten	fides et fistulae	sizhukong	-

Lokalisation:
Vertiefung neben dem lateralen Ende der Augenbraue.

Gegend:
seitliche Augengegend

Angriffsrichtung/Angriffswinkel:
Im 45°-Winkel zur Nasenspitze.

Waffe/Technik:
Gedan-Barai, Teisho, Shuto-Uchi, Mawashi-Zuki, Shuto-Uke

Kata:
Heian Shodan, Heian Nidan, Jion, JiÌn, Meikyo, Sochin

Wirkung/Schaden:
Achtung! Ein Angriff auf diesen Punkt ist sehr gefährlich.

a) durch einen leichten Angriff:
Bewusstseinsverlust

b) durch einen mittleren Angriff:
Bewusstseinsverlust, Tod

c) durch einen starken Angriff:
Tod

d) allgemein:
Bei einem Angriff in Richtung Auge kann der Sehnerv oder das Auge verletzt werden.
Dies kann zur Erblindung führen.

Erste Hilfe/Gegenmittel/Energierückführung
Druck auf Gallenblase 20 leicht aufwärts. Wenn das Auge betroffen ist, massiere
Gallenblase 3 auf der anderen Kopfseite.

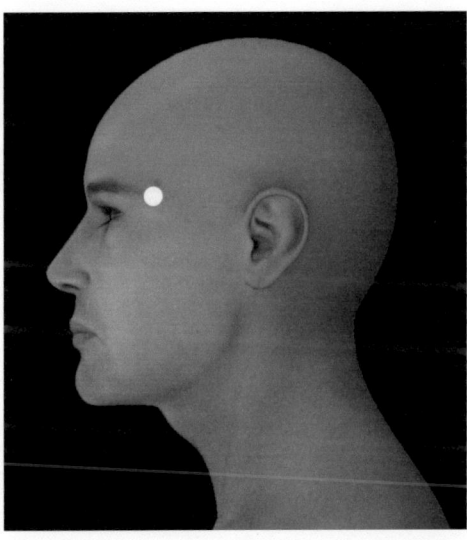

Gallenblase 1

Polarität	Element	Farbe	Wirkung durch
Yang	Holz	grün	Schlag

Bezeichnung			
deutsch	**lateinisch**	**chinesisch**	**japanisch**
Pupillen-Knochenloch, Kellerloch der Pupille	cella pupilliae	tongziliao	-

Lokalisation:
0,5 PZ (Cun) lateral des canthus lateralis.

Gegend:
seitliche Augengegend

Angriffsrichtung/Angriffswinkel:
Im 45°-Winkel von hinten nach vorne in Richtung des Auges.

Waffe/Technik:
Ippon-Ken, Hiraken, Gedan-Barai, Shuto-Uchi, Haito-Uchi

Kata:
Heian Yondan, Jion, Chinte, Kanku Dai, Goju Shiho Sho, Unsu

Wirkung/Schaden:
Achtung! Ein Angriff auf diesen Punkt ist sehr gefährlich.

a) durch einen leichten Angriff:
starke Übelkeit, Bewusstlosigkeit Tod

b) durch einen mittleren Angriff:
starke Übelkeit, Bewusstlosigkeit Tod, Schaden am Auge

c) durch einen starken Angriff:
Tod, Schaden am Auge

Erste Hilfe/Gegenmittel/Energierückführung
Druck auf Lenkergefäß 26 in Richtung des Kopfes oder leichtes Reiben von Gallenblase 1 in Richtung Ohr.

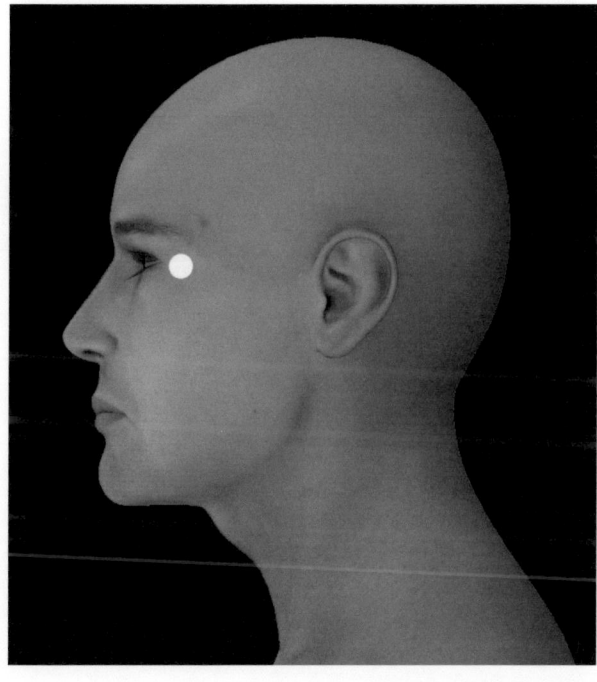

Seidon

Obere und untere Teile der Augenhöhle.

Magen 1 (unterer Teil der Augenhöhle)

Polarität	Element	Farbe	Wirkung durch
Yang	Erde	gelb	Schlag

Bezeichnung			
deutsch	lateinisch	chinesisch	japanisch
Die Tränen aufhalten, Punkt, der die Tränen aufnimmt	recipiens lacrimarum	chengqi	-

Lokalisation:
Bei geradem Blick, etwa 0,7 PZ (Cun) senkrecht unter der Pupille, knapp oberhalb des Randes des os zygomaticum (unterer Orbitarand)

Gegend:
Augengegend

Angriffsrichtung/Angriffswinkel:
Direkt im 90°-Winkel.

Waffe/Technik:
Ippon-Ken, Ippon-Nukite, Ura-Zuki,

Kata:
Tekki Shodan, Jion

Wirkung/Schaden:
Achtung! Ein Angriff auf diesen Punkt ist sehr gefährlich.

a) durch einen leichten Angriff:
starke Übelkeit, physischer Schaden am Auge

b) durch einen mittleren Angriff:
Bewusstseinsverlust, Beeinflussung der Leberfunktion

c) durch einen starken Angriff:
Bewusstlosigkeit, Tod
Verlust des Bewusstseins kommt von einer Gewalteinwirkung auf das Gehirn, was zum
Verlust der Nervenkontrolle führt.

Erste Hilfe/Gegenmittel/Energierückführung
Unterarminnenseite aufwärts in Richtung Ellenbogen reiben.

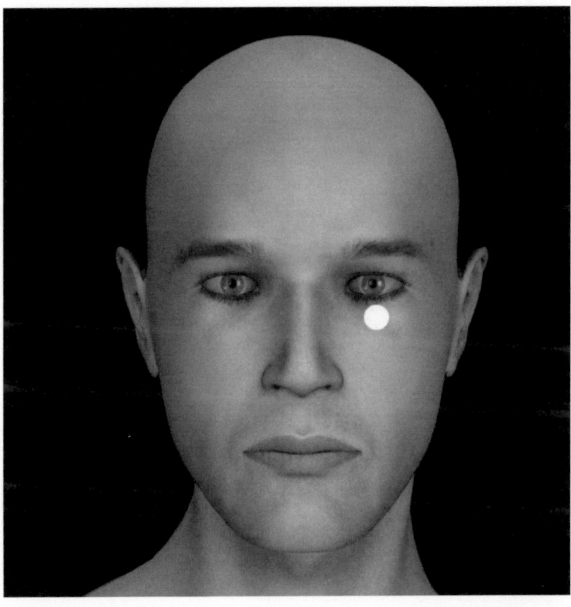

MHN 6, Ex-KH 4 (oberer Teil der Augenhöhle)

Polarität	Element	Farbe	Wirkung durch
keine	kein	keine	Druck, Schlag

Bezeichnung			
deutsch	**lateinisch**	**chinesisch**	**japanisch**
Fisch-Taille	-	yuyao	-

Lokalisation:
Bei Geradeausblick, direkt über der Pupille, in der Vertiefung des Augenbrauenkamms.

Gegend:
Augengegend/Stirngegend

Angriffsrichtung/Angriffswinkel:
Im 45°-Winkel nach oben.

Waffe/Technik:
Ura-Zuki

Kata:
Jion, Tekki Shodan, Tekki Nidan, Tekki Sandan, Meikyo

Wirkung/Schaden:
Achtung! Dieser Punkt ist sehr gefährlich.

a) durch einen leichten Angriff:
örtlicher Schmerz, Benommenheit, Desorientierung

b) durch einen mittleren Angriff:
starker örtlicher Schmerz, Bewusstlosigkeit, Gehirnschock

c) durch einen starken Angriff:
starker örtlicher Schmerz, Bewusstlosigkeit, Gehirnschock
Verlust des Bewusstseins kommt von einer Gewalteinwirkung auf das Gehirn, was zum
Verlust der Nervenkontrolle führt.

Erste Hilfe/Reanimation/Energierückführung
Sofort reanimieren.

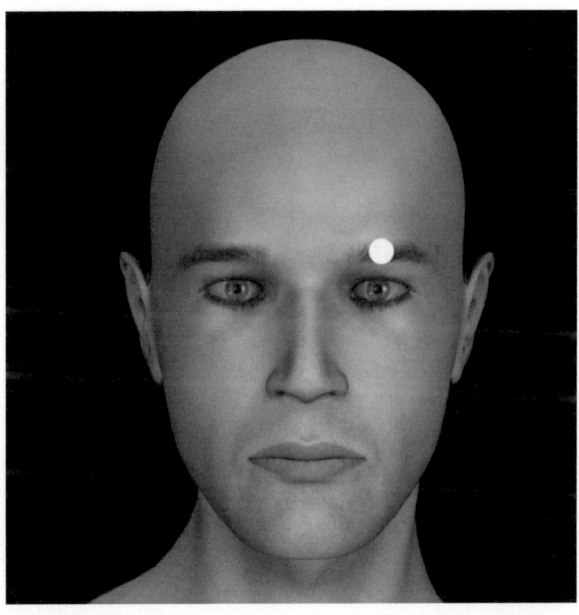

Gansai (Augapfel)

Verlust des Bewusstseins wird durch eine schwere Gewalteinwirkung auf das Gehirn verursacht, die zu einer Unterbrechung der Schädelnerven und zum Verlust der sensorischen und motorischen Funktionen führt.

Polarität	Element	Farbe	Wirkung durch
keine	kein	keine	Druck, Schlag

Bezeichnung			
deutsch	**lateinisch**	**chinesisch**	**japanisch**
Augapfel			Gansei

Lokalisation:
Mitten im Auge.

Gegend:
Augengegend

Angriffsrichtung/Angriffswinkel:
Gerade einwärts im 90°-Winkel.

Waffe/Technik:
Seiken-Zuki, Ippon-Ken, Hiraken, Teisho-Uchi, Tate-Uraken, Tetsui-Uchi, Ippon-Nukite, Nihon-Nukite

Kata:
Heian Shodan, Heian Yondan, Kanku Dai, Kanku Sho, Chinte, Goju Shiho Dai

Wirkung/Schaden:

a) durch einen leichten Angriff:
Benommenheit

b) durch einen mittleren Angriff:
Bewusstlosigkeit

c) durch einen starken Angriff:
Bewusstlosigkeit resultiert aus einer schweren Gewalteinwirkung auf das Gehirn, die zu einer Unterbrechung der Schädelnerven und zum Verlust der sensorischen und motorischen Funktionen führt.

Erste Hilfe/Reanimation/Energierückführung
Sofort einen Arzt aufsuchen.

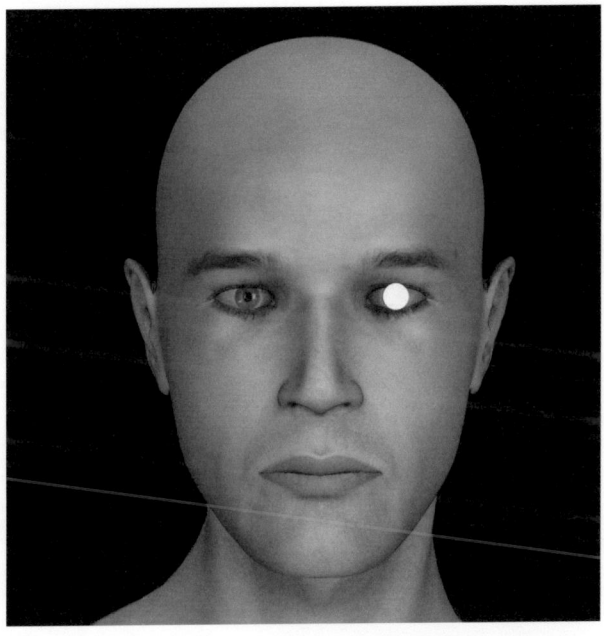

Uto (Nasenwurzel) Ex 1

Der Punkt an der Wurzel der Nase zwischen den Augen. Bewusstlosigkeit resultiert aus einer schweren Gewalteinwirkung auf das Gehirn, die zu einer Unterbrechung der Schädelnerven und zum Verlust der sensorischen und motorischen Funktionen führt.

Ex 1

Polarität	Element	Farbe	Wirkung durch
keine	kein	keine	Druck, Schlag, Reibung

Bezeichnung			
deutsch	**lateinisch**	**chinesisch**	**japanisch**
Siegelhalle	atrium impressionis	yintang	uto

Lokalisation:
Auf der Mittellinie zwischen den Augenbrauen.

Gegend:
Stirngegend

Angriffsrichtung/Angriffswinkel:
Im 45°-Winkel nach unten.

Waffe/Technik:
Seiken-Zuki, Ippon-Ken, Hiraken, Teisho-Uchi, Tate-Uraken, Tetsui-Uchi

Kata:
Heian Shodan, Heian Yondan, Kanku Dai, Kanku Sho

Wirkung/Schaden:

a) durch einen leichten Angriff:
Benommenheit

b) durch einen mittleren Angriff:
Bewusstlosigkeit

c) durch einen starken Angriff:
Bewusstlosigkeit, Bewusstlosigkeit resultiert aus einer schweren Gewalteinwirkung auf das Gehirn, die zu einer Unterbrechung der Schädelnerven und zum Verlust der sensorischen und motorischen Funktionen führt.

Erste Hilfe/Reanimation/Energierückführung
Sofort reanimieren.

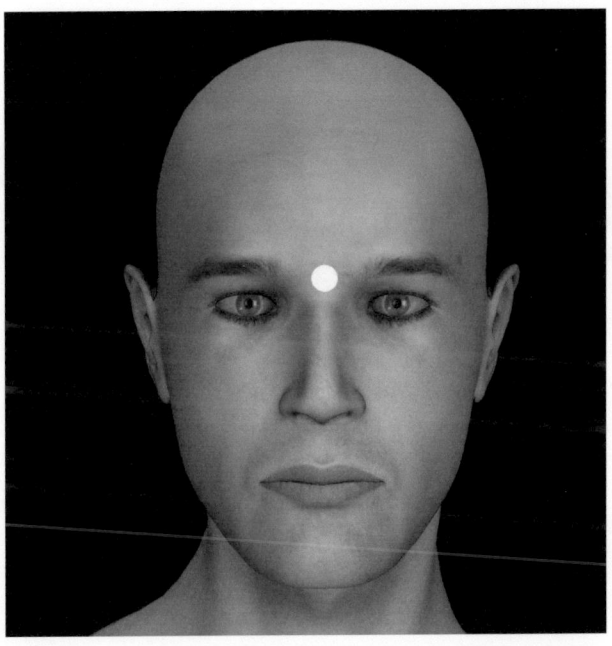

Jinchû (Kieferknochennaht)

Zusammentreffen des rechten und linken Oberkieferknochens unter der Nase.

Lenkergefäß 26

Polarität	Element	Farbe	Wirkung durch
Yang	-	weiß	Schlag

Bezeichnung			
deutsch	lateinisch	chinesisch	japanisch
Wassergraben	canalis aquae	shuigou	jinchû

Lokalisation:
Mittellinie des Philtrums, kurz oberhalb seiner Mitte.

Gegend:
Mundgegend/Nasengegend

Angriffsrichtung/Angriffswinkel:
Im 45°-Winkel von unten nach oben.

Waffe/Technik:
Ura-Zuki

Kata:
Tekki Shodan, Tekki Nidan, Tekki Sandan, Jion

Wirkung/Schaden:
Achtung! Dieser Punkt ist sehr gefährlich.

a) durch einen leichten Angriff:
Bewusstlosigkeit oder Tod. Kontrollverlust über den Körper durch Schock.

b) durch einen mittleren Angriff:
Bewusstlosigkeit oder Tod. Kontrollverlust über den Körper durch Schock.

c) durch einen starken Angriff:
Bewusstlosigkeit oder Tod. Kontrollverlust über den Körper durch Schock.
Bewusstlosigkeit kommt von einer Gewalteinwirkung auf die Schädelnerven und dem
Verlust der sensorischen und motorischen Funktionen.

Erste Hilfe/Gegenmittel/Energierückführung
Stimulation mit den Daumen von Gallenblase 21 auf beiden Seiten. Reibe von hier in
Richtung der Ohren.

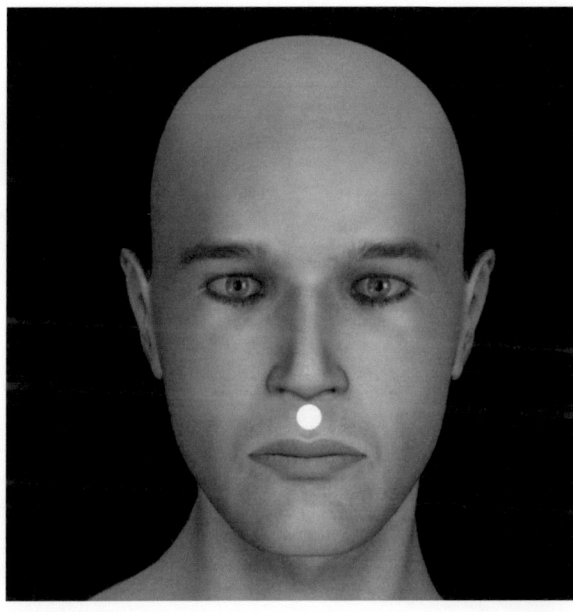

Gekon (Unterkiefermitte)

Konzeptionsgefäß 24

Polarität	Element	Farbe	Wirkung durch
Yin	-	schwarz	Schlag, Reibung

Bezeichnung			
deutsch	lateinisch	chinesisch	japanisch
Aufnahme des Breis, Punkt der die Flüssigkeiten aufnimmt	recipiens liquoris	chengjiang	gekon

Lokalisation:
In der Mitte des Unterkiefers in der Vertiefung unterhalb der Unterlippe.

Gegend:
Unterkiefergegend

Angriffsrichtung/Angriffswinkel:
Direkt im 90°-Winkel oder im 45°-Winkel von der Seite (rechts oder links).

Waffe/Technik:
Ippon-Ken, Nakadaka-Ippon-Ken, Hiraken, Uraken

Kata:
Heian Yondan, Jion, Kanku Dai, Kanku Sho

Wirkung/Schaden:

a) durch einen leichten Angriff:
starke Übelkeit, Erbrechen

b) durch einen mittleren Angriff:
starke Übelkeit, Erbrechen, Bewusstlosigkeit

c) durch einen starken Angriff:
starke Übelkeit, Erbrechen, Bewusstlosigkeit, physischer Schaden an den Zähnen.
Bewusstlosigkeit resultiert aus der Gewalteinwirkung auf die Schädelnerven und dem
Verlust der sensorischen und motorischen Funktionen.

Erste Hilfe/Gegenmittel/Energierückführung
Wurde der Angriff von links nach rechts ausgeführt, massiere den Punkt
Konzeptionsgefäß 4 entgegengesetzt dem Uhrzeigersinn. Wurde der Angriff von rechts
nach links ausgeführt, massiere den Punkt Konzeptionsgefäß 4 im Uhrzeigersinn.

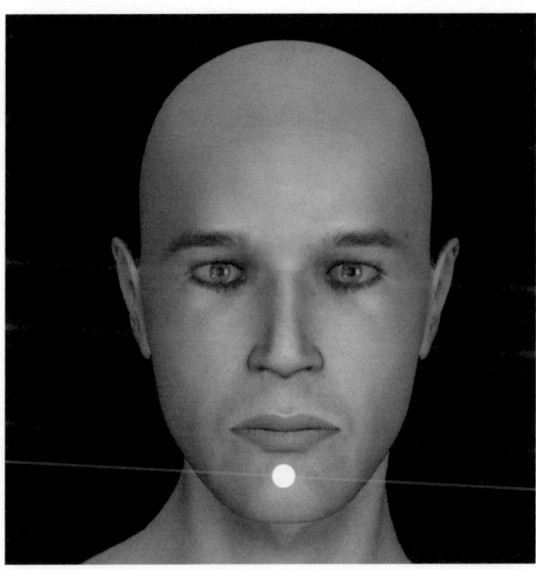

Mikazuki (Kieferwurzel)

Untere Kante des Unterkiefers; auch die Knochenverbindung unter und vor den Ohren.

Magen 5

Polarität	Element	Farbe	Wirkung durch
Yang	Erde	gelb	Druck, Schlag

Bezeichnung			
deutsch	lateinisch	chinesisch	japanisch
Großes empfangen, Punkt, der Großes empfängt	magnum accipiens	daying	-

Lokalisation:

Vor dem Mandibularwinkel am Vorderrand des m. masseter, oberhalb des Unterrandes des Mandibularknochens, wo in einer Vertiefung ein Puls gefunden wird.

Gegend:

seitliche Unterkiefergegend

Angriffsrichtung/Angriffswinkel:

Im 45°-Winkel von oben nach innen oder von unten nach innen.

Waffe/Technik:

Shuto-Uke, Ippon-Ken, Shuto-Uchi, Gedan-Barai, Teisho-Uchi

Kata:

Heian Shodan, Heian Nidan, Bassai-Dai, Empi, Kanku Dai

Wirkung/Schaden:

a) durch einen leichten Angriff:
Bewusstlosigkeit

b) durch einen mittleren Angriff:
Bewusstlosigkeit

c) durch einen starken Angriff:
Kieferbruch

Erste Hilfe/Gegenmittel/Energierückführung
Bei einem Kieferbruch sofort einen Arzt aufsuchen. Bei Bewusstlosigkeit, den
Geschädigten ruhig und sicher lagern. Bei ersten Anzeichen von Kreislaufversagen,
sofort reanimieren.

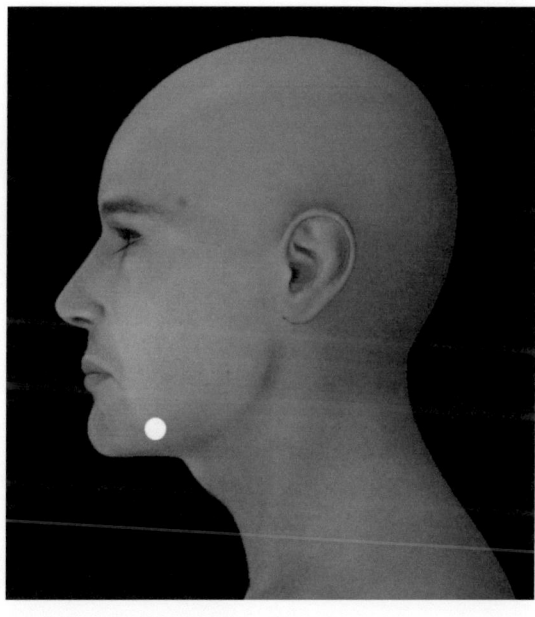

Magen 6

Polarität	Element	Farbe	Wirkung durch
Yang	Erde	gelb	Druck, Schlag

Bezeichnung			
deutsch	**lateinisch**	**chinesisch**	**japanisch**
Kiefer-Achse, Maxilla	maxilla	jiache	-

Lokalisation:
Kurz vor und oberhalb des Mandibularwinkels.

Gegend:
seitliche Unterkiefergegend

Angriffsrichtung/Angriffswinkel:
Im 45°-Winkel nach innen in Richtung der Nasenspitze.

Waffe/Technik:
Shuto-Uchi, Shuto-Uke, Gedan-Barai

Kata:
Heian Shodan, Heian Nidan, Bassai Dai, Jion

Wirkung/Schaden:

a) durch einen leichten Angriff:
Bewusstlosigkeit, Übelkeit, Gehirnerschütterung

b) durch einen mittleren Angriff:
Bewusstlosigkeit, Übelkeit, Gehirnerschütterung

c) durch einen starken Angriff:
Bewusstlosigkeit, Übelkeit, Gehirnerschütterung Bewusstlosigkeit kommt von einer
Erschütterung des Gehirns und dem Verlust der Nervenkoordination.

Erste Hilfe/Gegenmittel/Energierückführung
Bei Bewusstlosigkeit Gallenblase 20 aufwärts drücken. Drücke Magen 11 (Haupt „Herz-
Starter"-Punkt) oder schlage sehr kräftig mit einem Einknöchelschlag auf den Punkt
Niere 1 (unter dem Fuß).

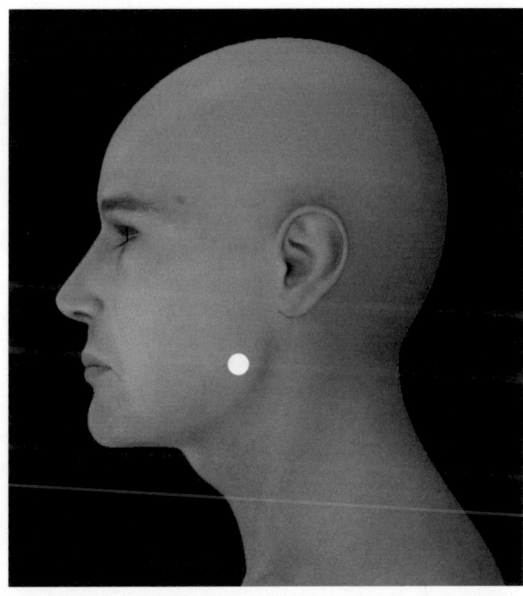

Mittlerer Teil (Chudan)

Angriffe auf die Vitalpunkte, die in der Brust- und Bauchgegend liegen, führen in erster Linie zu einer Verletzung oder Funktionsbeeinträchtigung der inneren Organe mit negativen Auswirkungen auf das Rückenmark und das symphatische Nervensystem (Teil des vegetativen Nervensystems).

Dies wiederum zieht die Gehirnnerven in Mitleidenschaft und führt zu Bewusstlosigkeit durch Schock, durch den Verlust der sensorischen und motorischen Funktionen und durch das folgende Aussetzen der Atmung. Es ist hier zu bemerken, dass Angriffe auf Vitalpunkte am Kopf zwar auch zum Verlust der sensorischen und motorischen Funktionen, aber nicht immer auch zum Aussetzen der Atmung führen.

松濤館流

Matsukaze (Halsseite)

Die Länge des Sternocleidomastoideus (seitlicher Halsmuskel, von unter dem Ohr bis zum Schlüsselbein, Kopfdrehermuskel).

Dickdarm 18

Polarität	Element	Farbe	Wirkung durch
Yang	Metall	weiß, grau	Druck, Schlag

Bezeichnung			
deutsch	lateinisch	chinesisch	japanisch
Wasser-Punkt, Eine Vierfingerbreite neben dem Vorsprung	foramen aquaticum	Futu	matsukaze

Lokalisation:
1 PZ (Cun) senkrecht unterhalb des Winkels der Mandibula, 3 PZ (Cun) seitlich des Kehlkopfknorpels am Vorderrand des m. sternocleidomastoideus.

Gegend:
Halsgegend

Angriffsrichtung/Angriffswinkel:
45° einwärts in Richtung Basis des Halses.

Waffe/Technik:
Shuto-Uchi, Shuto-Uke, Teisho-Uchi, Tuite

Kata:
Heian Shodan, Heian Nidan, Bassai Dai, Empi, Chinte, Kanku Dai, Sochin

Wirkung/Schaden:
Achtung! Ein Angriff auf diesen Punkt ist sehr gefährlich.
Da dieser Punkt sehr nahe am Punkt Magen 9 liegt, ist es möglich, beide Punkte gleichzeitig anzugreifen. Bei einem zeitgleichen Angriff auf beide Punkte (Dickdarm 18 und Magen 9) erzielt der Angreifer folgende Wirkung:

a) durch einen leichten Angriff:
schwere Schädigung des emotionalen Zustandes

b) durch einen mittleren Angriff:
Bewusstlosigkeit, Tod

c) durch einen starken Angriff:
Bewusstlosigkeit, Tod,
Bewusstlosigkeit wird verursacht durch Gewalteinwirkung auf die Halsschlagader und den pneumogastrischen Nerv, was zu einem Schock und zum Verlust der sensorischen und motorischen Funktionen führt.

Erste Hilfe/Gegenmittel/Energierückführung
Es gibt kein Gegenmittel, wenn die Punkte Dickdarm 18 und Magen 9 gleichzeitig angegriffen wurden.
Wurde der Punkt Dickdarm 18 isoliert getroffen, ist eine Hilfe möglich, indem man den Punkt Dickdarm 4 mit einer Akupunkturnadel sticht. Suche einen fachkundigen Mediziner auf.

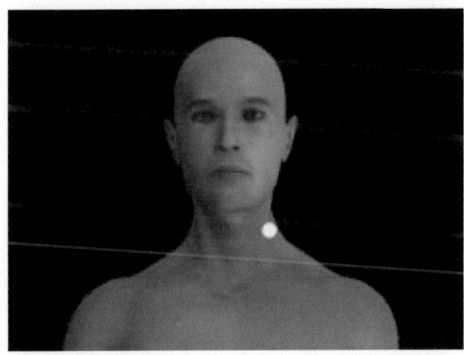

Murasame (Graben über dem Schlüsselbein)

Auf jeder Seite des Halses der vordere Teil der Kehle, gerade über dem Schlüsselbein, am Beginn des seitlichen Kopfdrehermuskels.

Magen 11

Polarität	Element	Farbe	Wirkung durch
Yang	Erde	gelb	Druck, Schlag

Bezeichnung			
deutsch	lateinisch	chinesisch	japanisch
Herberge des Qi, Haus des Qi	domus qi	qishe	murasame

Lokalisation:
Senkrecht unter Magen 9 am oberen Rand des Schlüsselbeins, zwischen den beiden Köpfen des m. sternocleidomastoideus.

Gegend:
Schlüsselbeingegend

Angriffsrichtung/Angriffswinkel:
Im 45°-Winkel von oben nach unten und nach innen.

Waffe/Technik:
Tuite, Ippon-Ken, Tetsui-Uchi, Otoshi-Empi, Ippon-Nukite, Uraken-Uchi

Kata:
Heian Yondan, Hangetsu, Goju Shiho Dai, Kanku Sho

Wirkung/Schaden:
Achtung! Ein Angriff auf diesen Punkt ist sehr gefährlich.

a) durch einen leichten Angriff:
Destabilisierung der Beine

b) durch einen mittleren Angriff:
Bewusstlosigkeit, evtl. Herzstillstand

c) durch einen starken Angriff:
Bewusstlosigkeit, evtl. Herzstillstand,
Bewusstlosigkeit kommt von Gewalteinwirkung auf die Arterie unter dem Schlüsselbein
und den Unterzungennerv, was einen Schock und den Verlust der motorischen
Funktionen verursacht.

Erste Hilfe/Gegenmittel/Energierückführung
Sofort reanimieren.

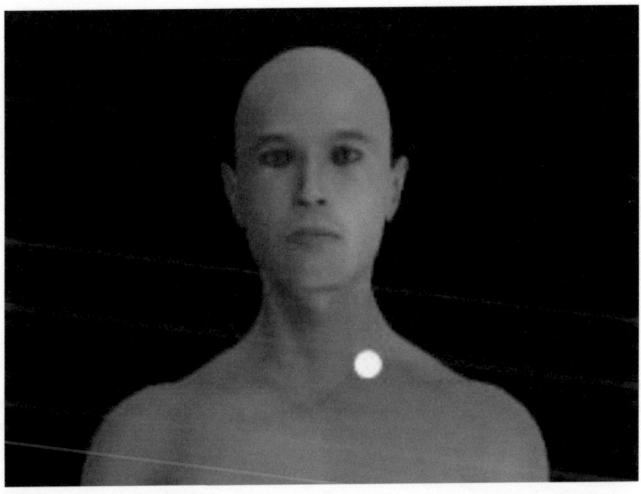

Hichû (Kerbe über dem Brustbein)
Einbuchtung auf der Oberfläche des Halses zum Bauch hin zwischen dem
Brustbeinknochen und dem Kehlkopf.

Konzeptionsgefäß 22

Polarität	Element	Farbe	Wirkung durch
Yin	-	schwarz	Druck, Schlag

Bezeichnung			
deutsch	**lateinisch**	**chinesisch**	**japanisch**
Himmels-Kamin, Bresche des Himmels	ruina caelestis	tiantu	hichû

Lokalisation:
0,5 PZ (Cun) oberhalb des Sternums, in der Mitte der fossa suprasternalis.

Gegend:
Brustbein/Kehlkopfgegend

Angriffsrichtung/Angriffswinkel:
Direkt im 90°-Winkel oder im 45°-Winkel nach unten.

Waffe/Technik:
Ippon-Nukite, Tuite

Kata:
Goju Shiho Dai, Unsu

Wirkung/Schaden:
Achtung! Ein Angriff auf diesen Punkt ist sehr gefährlich.

a) durch einen leichten Angriff:
Atemnot, Erstickungsangst

b) durch einen mittleren Angriff:
Tod

c) durch einen starken Angriff:
Tod, Ein Blockieren der Luftröhre führt zum Verlust des Bewusstseins.

Erste Hilfe/Gegenmittel/Energierückführung
Sofortige Reanimation

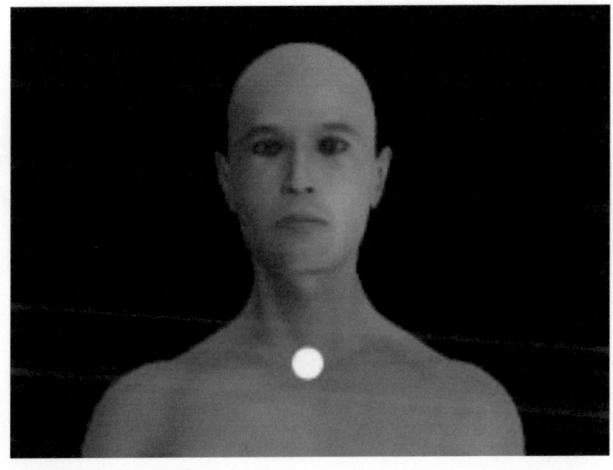

Tanchû (Brustwinkel)

Gerade unterhalb des Zusammentreffens von Brustbein und Handgriff (oberster Abschnitt des Brustbeins, nahezu runder Knochen).

Konzeptionsgefäß 21

Polarität	Element	Farbe	Wirkung durch
Yin	-	schwarz	Schlag

Bezeichnung			
deutsch	lateinisch	chinesisch	japanisch
Wundervolle Jade-Perle, Das Visierrohr	dioptra mobilis	xuanji	tanchû

Lokalisation:
Am oberen Ende des Brustbeines, 1 PZ (Cun) unterhalb Konzeptionsgefäß 22.

Gegend:
Brustbeingegend

Angriffsrichtung/Angriffswinkel:
Im 45°-Winkel aufwärts in Richtung Punkt Konzeptionsgefäß 22.

Waffe/Technik:
Ippon-Ken, Seiken-Zuki

Kata:
Heian Shodan, Jion, Sochin

Wirkung/Schaden:

a) durch einen leichten Angriff:
Qi-Ableitung

b) durch einen mittleren Angriff:
Qi-Ableitung, örtlicher Schmerz

c) durch einen starken Angriff:
Qi-Ableitung, starker örtlicher Schmerz, Verlust des Bewusstseins kommt von einer Gewalteinwirkung auf das Herz, die Bronchien, den Oberkörper versorgende Schlagadern und die Lungenarterie, was zu Störungen des Atemsystems und zu Schock führt.

Erste Hilfe/Gegenmittel/Energierückführung
Arzt aufsuchen

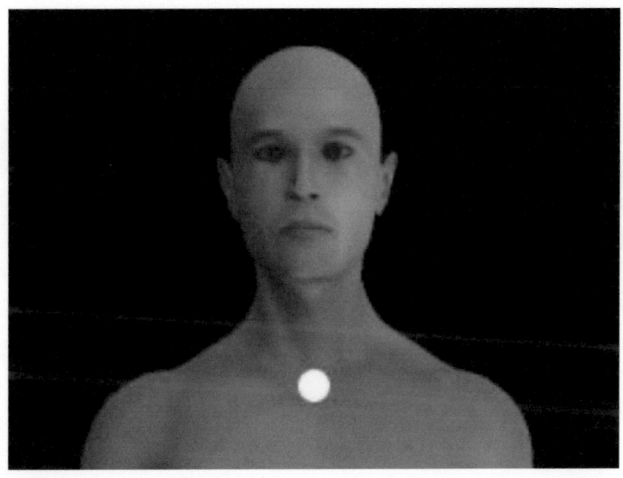

Kyôsen (Schwertfortsatz)
Unterer Abschnitt des Brustbeins.

Konzeptionsgefäß 16

Polarität	Element	Farbe	Wirkung durch
Yin	-	schwarz	Schlag

Bezeichnung			
deutsch	lateinisch	chinesisch	japanisch
Mittlerer Hof, Mittlere Vorhalle	vestibulum medium	zhongting	kyôsen

Lokalisation:
1,6 PZ (Cun) unterhalb Konzeptionsgefäß 17, in Höhe des 5. Interkostalraumes (ICR5).

Gegend:
untere Brustbeingegend

Angriffsrichtung/Angriffswinkel:
Im 45°-Winkel schräg abwärts.

Waffe/Technik:
Ippon-Ken, Seiken-Zuki, Yoko-Empi

Kata:
Heian Shodan, Heian Yondan, Jion, Sochin

Wirkung/Schaden:
Achtung! Ein Angriff auf diesen Punkt ist sehr gefährlich.

a) durch einen leichten Angriff:
vorübergehender Atemnot

b) durch einen mittleren Angriff:
Bewusstlosigkeit oder Tod. Evtl. physischer Schaden.

c) durch einen starken Angriff:
Bewusstlosigkeit oder Tod. Evtl. physischer Schaden. Verlust des Bewusstseins kommt von einer schweren Gewalteinwirkung auf Leber, Magen und Herz, die zu einem Schock und zu Störungen des Nervensystems führt, was den Verlust der motorischen Funktionen nach sich zieht.

Erste Hilfe/Gegenmittel/Energierückführung
Keine

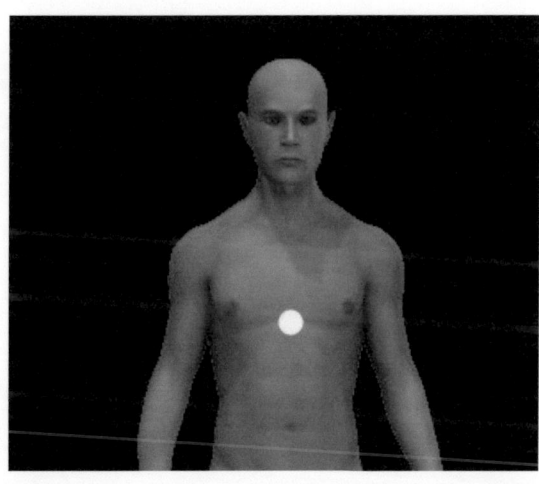

Suigetsu (Solarplexus)
Mulde gerade unterhalb des Brustbeins.

Konzeptionsgefäß 15

Polarität	Element	Farbe	Wirkung durch
Yin	-	schwarz	Schlag

Bezeichnung			
deutsch	lateinisch	chinesisch	japanisch
Taubenschwanz	cauda columbina	jiuwei	suigetsu

Lokalisation:
0,5 PZ (Cun) unterhalb des Schwertfortsatzes des processus xiphoideus.

Gegend:
Brustbeingegend

Angriffsrichtung/Angriffswinkel:
Im 45°-Winkel schräg aufwärts.

Waffe/Technik:
Ura-Zuki, Hiza.Geri, Mae-Geri, Empi-Uchi

Kata:
Tekki Shodan, Tekki Nidan, Tekki Sandan, Heian Yondan, Jion

Wirkung/Schaden:
Achtung! Ein Angriff auf diesen Punkt ist sehr gefährlich.

a) durch einen leichten Angriff:
evtl. Juckreiz auf der Haut

b) durch einen mittleren Angriff:
Herzstillstand, evtl. Juckreiz auf der Haut

c) durch einen starken Angriff:
Herzstillstand, evtl. Juckreiz auf der Haut, Bewusstlosigkeit kommt von Gewalteinwirkung auf Magen und Leber, was die angrenzenden Regionen darüber und darunter schädigt. Dies hat seinerseits wieder Auswirkungen auf die Nerven und führt somit zum Funktionsverlust der inneren Organe.

Erste Hilfe/Gegenmittel/Energierückführung
Sofort einen Arzt rufen

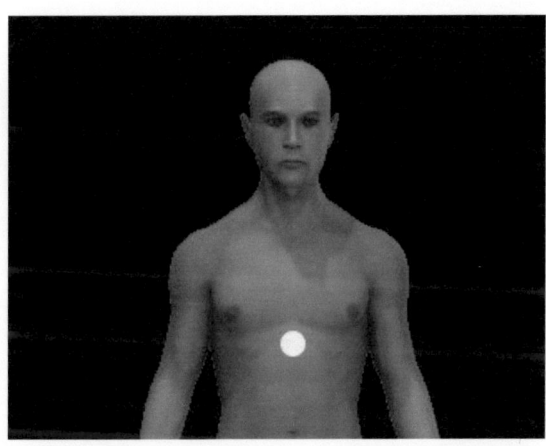

75

Konzeptionsgefäß 14 (Alarmpunkt des Herzens)

Polarität	Element	Farbe	Wirkung durch
Yin	-	schwarz	Schlag

Bezeichnung			
deutsch	lateinisch	chinesisch	japanisch
Sammlungspunkt des Herz-Funktionskreises, Riesiges Wachtor	conquisitorium cardiale	juque	-

Lokalisation:
6 PZ (Cun) oberhalb des Nabels, 2 PZ (Cun) unterhalb des processus xiphoideus.

Gegend:
obere Bauchgegend

Angriffsrichtung/Angriffswinkel:
Direkt im 90°-Winkel.

Waffe/Technik:
Ippon-Ken, Seiken-Zuki, Yoko-Empi

Kata:
Heian Shodan, Heian Yondan, Jion, Sochin

Wirkung/Schaden:
Achtung! Ein Angriff auf diesen Punkt ist sehr gefährlich.

a) durch einen leichten Angriff:
Herzstillstand

b) durch einen mittleren Angriff:
Herzstillstand

c) durch einen starken Angriff:
Herzstillstand

Erste Hilfe/Gegenmittel/Energierückführung
Keine

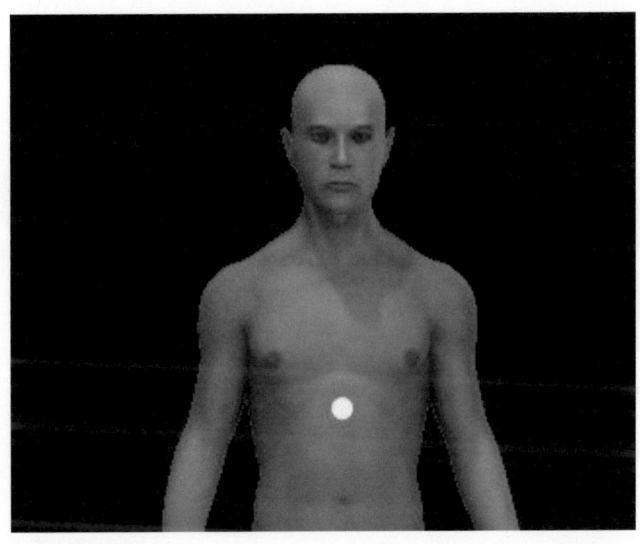

Myôjô, Tanden (Punkt ca. 3 cm unter dem Nabel)

Konzeptionsgefäß 7

Polarität	Element	Farbe	Wirkung durch
Yin	-	schwarz	Schlag

Bezeichnung			
deutsch	lateinisch	chinesisch	japanisch
Verknüpfung der Yin-Leitbahnen, Yin-Kreuzung	copulatio yin	yinjiao	myôjô

Lokalisation:
1 PZ (Cun) unterhalb des Nabels.

Gegend:
Nabelgegend

Angriffsrichtung/Angriffswinkel:
Direkt im 90°-Winkel.

Waffe/Technik:
Ippon-Ken, Mae-Geri

Kata:
Heian Nidan, Heian Yondan, Jion, Sochin, Goju Shiho Sho, Gojo Shiho Dai

Wirkung/Schaden:
Achtung! Ein Angriff auf diesen Punkt ist sehr gefährlich.

a) durch einen leichten Angriff:
Bewusstlosigkeit

b) durch einen mittleren Angriff:
Bewusstlosigkeit

c) durch einen starken Angriff:
Bewusstlosigkeit, Tod durch Nervenversagen,
Bewusstseinsverlust wird verursacht durch Gewalteinwirkung auf den Dünndarm und
die Blase sowie auf die größten Blutgefäße und Nerven im Bauch, was zu Schock und
zum Verlust der motorischen Funktionen führt.

Erste Hilfe/Gegenmittel/Energierückführung
Keine

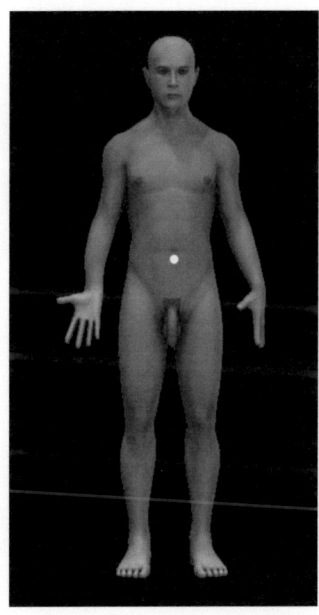

Kyôai (Gebiet unter den Achselhöhlen)

Raum zwischen der vierten und fünften Rippe, ungefähr auf einer Höhe mit dem Ende des Schulterblatts.

Gallenblase 22

Polarität	Element	Farbe	Wirkung durch
Yang	Holz	grün	Schlag

Bezeichnung			
deutsch	lateinisch	chinesisch	japanisch
Tiefes Wasser der Achsel, Pforte der Achselhöhle	porta axillae	yuanye	kyôai

Lokalisation:
3 PZ (Cun) unterhalb der vorderen Achselfalte im 4. Interkostalraum.

Gegend:
seitliche Rippengegend

Angriffsrichtung/Angriffswinkel:
Direkt im 90°-Winkel.

Waffe/Technik:
Mawashi-Zuki, Ippon-Kem, Yoko-Empi, Mae-Empi, Mawashi-Empi, Kage-Zuki

Kata:
Heian Yondan, Heian Godan, Tekki Shodan

Wirkung/Schaden:
Achtung! Ein Angriff auf diesen Punkt ist sehr gefährlich.

a) durch einen leichten Angriff:
Herzrhythmusstörungen, starke Qi-Ableitung, Bewusstlosigkeit

b) durch einen mittleren Angriff:
Herzrhythmusstörungen, Bewusstlosigkeit, Tod durch Herzstillstand

c) durch einen starken Angriff:
Bewusstlosigkeit, Tod durch Herzstillstand,
Bewusstlosigkeit kommt von einer schweren Gewalteinwirkung auf die Lungen und die
damit verbundenen Nerven, was zu einem Verlust der Lungenfunktion, zum Atemstopp
und zu Kreislaufversagen führt.

Erste Hilfe/Gegenmittel/Energierückführung
Sofort reanimieren und einen Arzt rufen. Bei Bewusstlosigkeit, Druck auf Gb 20. Druck
auf Ni 1 (Wiederbelebungspunkt) bei größeren Schäden. Alternativ können Di 10 und
He 3 gedrückt werden.

Ganka (Gebiet unter den Brustwarzen)

Magen 18

Polarität	Element	Farbe	Wirkung durch
Yang	Erde	gelb	Druck, Schlag

Bezeichnung			
deutsch	lateinisch	chinesisch	japanisch
Wurzel der Mamma, Wurzel der Brust	radix mammae	rugen	ganka

Lokalisation:
Senkrecht unterhalb der Brustwarze im 5. Interkostalraum.

Gegend:
untere Brustgegend

Angriffsrichtung/Angriffswinkel:
Im 45°-Winkel nach innen zum Körper.

Waffe/Technik:
Ippon-Ken, Tuite, Yoko-Empi

Kata:
Heian Shodan, Heian Sandan, Heian Yondan, Heian Godan, Tekki Shodan, Hangetsu

Wirkung/Schaden:

a) durch einen leichten Angriff:
örtlicher Schmerz

b) durch einen mittleren Angriff:
örtlicher Schmerz, Kopfschmerzen, Übelkeit

c) durch einen starken Angriff:
Kopfschmerzen, Übelkeit, Herzstillstand bei Angriff auf die linke Körperseite, Ursachen für Bewusstlosigkeit sind ähnlich wie beim vorigen Punkt, d.h. Verlust der Lungenfunktion, Atemstopp und Kreislaufversagen.

Erste Hilfe/Gegenmittel/Energierückführung
Bei Herzstillstand sofort reanimieren. Sonst Reibung der Unterarminnenseite in Richtung des Handgelenks.

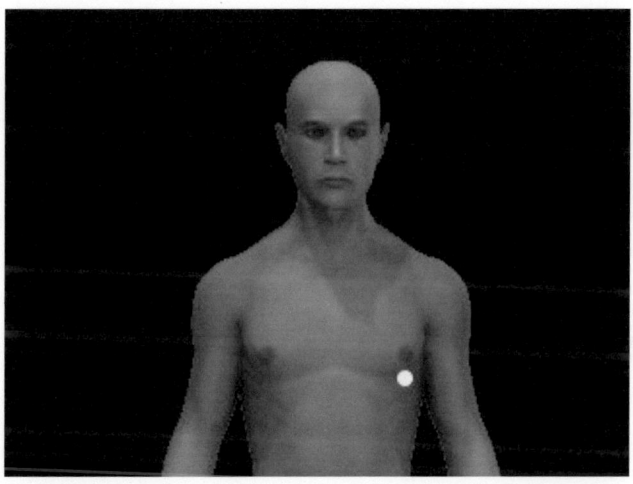

Denkô (Bauch, hypochondrisches Gebiet)
Die Ursache für den Verlust des Bewusstseins ist für die linke und die rechte Seite
unterschiedlich. Auf der rechten Seite ist es die schwere Gewalteinwirkung auf die Leber,
die zu einem Verlust der mit Leber und Lunge verbundenen Nervenfunktionen führt.
Auf der linken Seite liegt es an einer schweren Gewalteinwirkung auf Magen und Milz
mit Auswirkungen auf Herz und Lungen, was zu einem Verlust der mit Herz und
Lungen verbundenen Nervenfunktionen führt.

Leber 14 (Alarmpunkt der Leber)

Polarität	Element	Farbe	Wirkung durch
Yin	Holz	grün	Schlag

Bezeichnung			
deutsch	lateinisch	chinesisch	japanisch
Pforte (am Ende) der Periode, Zusammenkunftspunkt des Leber-Kreises	conquisitorium hepaticum	qimen	-

Lokalisation:
Im 6. Interkostalraum (ICR), senkrecht unter der Brustwarze, 1,5 PZ (Cun) lateral neben
Magen 19.

Gegend:
Brustgegend

Angriffsrichtung/Angriffswinkel:
Direkt im 90°-Winkel von vorne oder im 45°-Winkel innen nach außen.

Waffe/Technik:
Seiken-Zuki, Ippon-Ken, Hasami-Uchi, Mawashi-Empi, Mae-Empi, Yoko-Empi

Kata:
Heian Yondan, Tekki Shodan, Chinte, Jion, Sochin, Kanku Dai

Wirkung/Schaden:
Achtung! Ein Angriff auf diesen Punkt ist sehr gefährlich.

a) durch einen leichten Angriff:
Bewusstlosigkeit, Blindheit

b) durch einen mittleren Angriff:
Herzstillstand, Funktionsverlust von Lunge und Leber, Blindheit

c) durch einen starken Angriff:
Herzstillstand, Funktionsverlust von Lunge und Leber, Blindheit,
Die Ursache für den Verlust des Bewusstseins ist für die linke und die rechte Seite
unterschiedlich. Auf der rechten Seite ist es die schwere Gewalteinwirkung auf die Leber,
die zu einem Verlust der mit Leber und Lunge verbundenen Nervenfunktionen führt.
Auf der linken Seite liegt es an einer schweren Gewalteinwirkung auf Magen und Milz
mit Auswirkungen auf Herz und Lungen, was zu einem Verlust der mit Herz und
Lungen verbundenen Nervenfunktionen führt.

Erste Hilfe/Gegenmittel/Energierückführung
Keine möglich

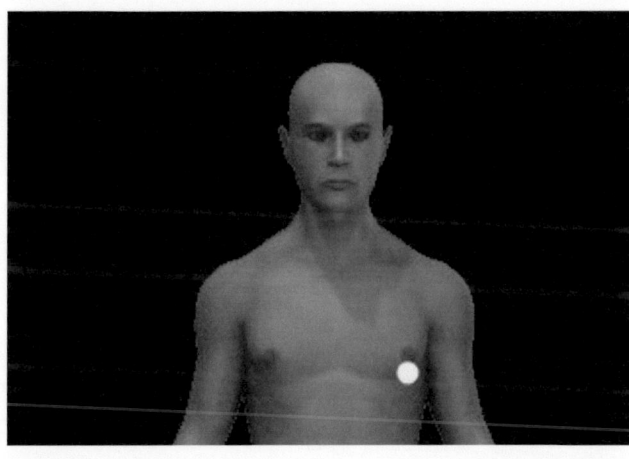

Inazuma (Bauch, Lendengegend)
Elfter Rippenzwischenraum.

Leber 13 (Alarmpunkt der Milz)

Polarität	Element	Farbe	Wirkung durch
Yin	Holz	grün	Schlag

Bezeichnung			
deutsch	lateinisch	chinesisch	japanisch
Pforte in der Absperrung, Dekorierte Pforte	conquisitorium lienale	zhangmen	inazuma

Lokalisation:
Am freien Ende der 11. Rippe, bei gebeugtem Ellbogen und abduziertem Arm berührt die Ellbogenspitze diesen Punkt.

Gegend:
untere Rippengegend

Angriffsrichtung/Angriffswinkel:
Direkt im 90°-Winkel, direkt von vorne oder im 45°-Winkel schräg von innen nach außen zur Rippe (Körper).

Waffe/Technik:
Ippon-Ken, Mawashi-Zuki, Hasami-Uchi, Mae-Empi, Mawashi-Empi, Yoko-Empi

Kata:
Heian Yondan, Kanku Dai, Sochin, Chinte, Hangetsu, Jion

Wirkung/Schaden:
Achtung! Ein Angriff auf diesen Punkt ist sehr gefährlich.

a) durch einen leichten Angriff:
irreparabler Schaden an Leber und Milz

b) durch einen mittleren Angriff:
irreparabler Schaden an Leber und Milz

c) durch einen starken Angriff:
Bewusstlosigkeit, Tod,
Die Ursache für den Verlust des Bewusstseins unterscheiden sich von der linken zur rechten Seite und sind nahezu dieselben wie bei der hypochondrischen Gegend.

Erste Hilfe/Gegenmittel/Energierückführung
Sofort einen Arzt aufsuchen. Bei energetischen Schäden, die Punkte Lunge 1 und Lunge 5 gleichzeitig mit leichter Akupressur behandeln.

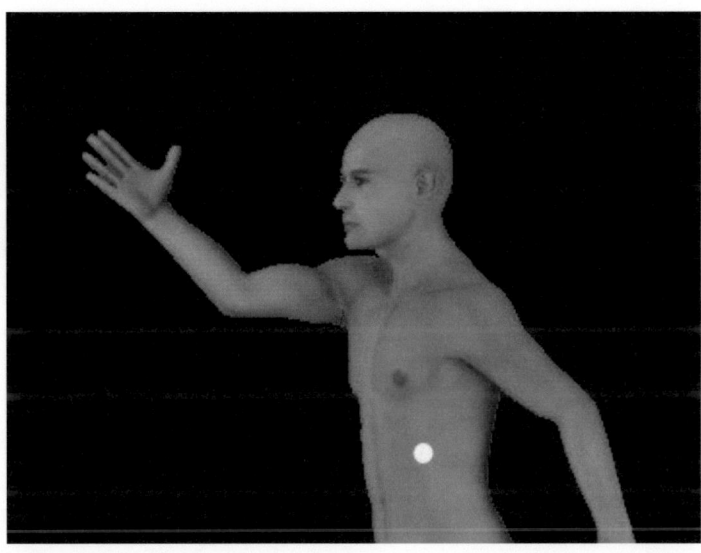

Uchi - Shakutaku (Innenseite des Handgelenks), Lu 9, Pe 6/7
Zwischen dem radialen Handbeugemuskel und den Beugemuskeln der Finger.

Lunge 9

Polarität	Element	Farbe	Wirkung durch
Yin	Metall	weiß, grau	Druck, Schlag

Bezeichnung			
deutsch	lateinisch	chinesisch	japanisch
Großer Wasserschlund, Äußerst tiefes Wasser, Tiefer Abgrund, Großer Abgrund	vorago maior	taiyuan	Uchi-Shakutaku

Lokalisation:
In der am radialen Ende der Handgelenksfurche liegenden Vertiefung radial von der Pulstaststelle.

Gegend:
Handgelenkgegend

Angriffsrichtung/Angriffswinkel:
Direkt im 90°-Winkel ins Handgelenk.

Waffe/Technik:
Tuite, Hebel, Gedan-Barai, Shuto-Uchi

Kata:
Heian Shodan, Heian Nidan, Jion, Meikyo

Wirkung/Schaden:

a) durch einen leichten Angriff:
örtlicher Schmerz

b) durch einen mittleren Angriff:
Starker, örtlicher Schmerz. Große Qi-Ableitung. Störung der Atmungskontrolle. Der
Angegriffene glaubt zu ersticken.

c) durch einen starken Angriff:
Starker, örtlicher Schmerz. Große Qi-Ableitung. Störung der Atmungskontrolle.
Der Angegriffene glaubt zu ersticken.
Ein Angriff auf diesen Punkt führt zu Gewalteinwirkung auf den darunterliegenden Nerv
und die Schlagader. Dies bewirkt eine ungewöhnliche Art von Schmerz, der die Brust-
und Halsregion in Mitleidenschaft zieht und einen Verlust der motorischen Funktionen
und des Bewusstseins nach sich zieht.

Erste Hilfe/Gegenmittel/Energierückführung
Fingerdruck auf den Punkt Lunge 9 der gegenüberliegenden Körperseite.

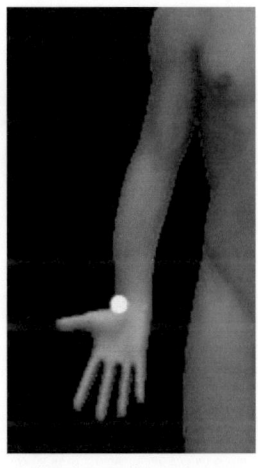

Perikard 6

Polarität	Element	Farbe	Wirkung durch
Yin	Feuer	rot	Druck, Schlag, Reibung

Bezeichnung			
deutsch	lateinisch	chinesisch	japanisch
Passtor des Inneren, Inneres Passtor	clusa interna	neiguan	Uchi-Shakutaku

Lokalisation:
2 PZ (Cun) proximal der Handgelenksfalte, zwischen den Sehnen der mm. palmaris et flexor carpi radialis.

Gegend:
innere Unterarmgegend/Handgelenkgegend

Angriffsrichtung/Angriffswinkel:
Im 45°-Winkel in Richtung der Hand oder direkt im 90°-Winkel auf den Punkt.

Waffe/Technik:
Ippon-Ken, Tetsui-Uchi, Gedan-Barai, Age-Zuki

Kata:
Heian Shodan, Heian Nidan, Jion, Empi

Wirkung/Schaden:

a) durch einen leichten Angriff:
Schmerz

b) durch einen mittleren Angriff:
starker Schmerz, Übelkeit

c) durch einen starken Angriff:
starker Schmerz, Übelkeit

d) allgemein:
Das Gleichgewicht von Yin und Yang wird erheblich gestört.

Erste Hilfe/Gegenmittel/Energierückführung
Leichte Massage und Druck auf den gegenüberliegenden Punkt Perikard 6.

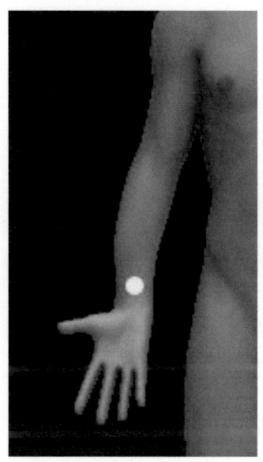

Perikard 7

Polarität	Element	Farbe	Wirkung durch
Yin	Feuer	rot	Schlag

Bezeichnung			
deutsch	**lateinisch**	**chinesisch**	**japanisch**
Großer Erdhügel, Großer Grabhügel	tumulus magnus	daling	Uchi-Shakutaku

Lokalisation:
In der Mitte der Handgelenksfalte, zwischen den Sehnen der mm. palmaris et flexor carpi radialis.

Gegend:
innere Handgelenksgegend

Angriffsrichtung/Angriffswinkel:
Direkt im 90°-Winkel.

Waffe/Technik:
Ippon-Ken, Tetsui-Uchi, Hiraken

Kata:
Bassai Dai

Wirkung/Schaden:
Achtung! Ein Angriff auf diesen Punkt ist sehr gefährlich.

a) durch einen leichten Angriff:
örtlicher Schmerz

b) durch einen mittleren Angriff:
starker örtlicher Schmerz, evtl. Herzstillstand

c) durch einen starken Angriff:
evtl. Herzstillstand

Erste Hilfe/Gegenmittel/Energierückführung
Druck auf Perikard 7 der gegenüberliegenden Seite.

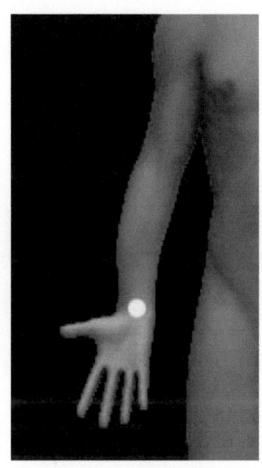

Shukô (Handrücken)
Insbesondere die Punkte zwischen Daumen und Zeigefinger sowie zwischen Mittel- und Ringfinger.

Dickdarm 4

Polarität	Element	Farbe	Wirkung durch
Yang	Metall	weiß, grau	Druck, Schlag

Bezeichnung			
deutsch	lateinisch	chinesisch	japanisch
Vereinte Täler, Tal am Zusammenschluss	valles coniunctae	hegu	shukô

Lokalisation:
In der Mitte des zweiten Mittelhandknochens an der radialen Seite in der Vertiefung.

Gegend:
Mittelhandgegend

Angriffsrichtung/Angriffswinkel:
Direkt im 90°-Winkel.

Waffe/Technik:
Ippon-Ken, Gedan-Barai, Nakadaka-Ippon-Ken, Tuite

Kata:
Heian Shodan, Heian Nidan, Jion, Meikyo, Chinte

Wirkung/Schaden:

a) durch einen leichten Angriff:
örtlicher Schmerz

b) durch einen mittleren Angriff:
Desorientierung bei Schlagangriff, bei Tuite-Angriffen kommt es zu örtlichem Schmerz, der sich im gesamten Unterarm ausbreitet

c) durch einen starken Angriff:
Desorientierung bei Schlagangriff, bei Tuite-Angriffen kommt es zu örtlichem Schmerz, der sich im gesamten Unterarm ausbreitet. Verlust des Bewusstseins kommt von einem Schock auf den mittleren Armnerv, was zu einem ungewöhnlichen Schmerz in der Brust- und Halsgegend führt, der den Verlust der motorischen Funktionen nach sich zieht. Ein ähnliches Ergebnis ist zu erwarten, wenn man auf irgendeinen Knochen des Handrückens schlägt.

Erste Hilfe/Gegenmittel/Energierückführung
Leichte Massage mit dem Daumen auf dem gegenüberliegenden Punkt Dickdarm 4.

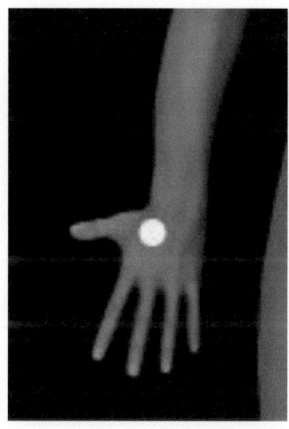

Unterer Teil (Gedan)

Yakô (Leistengegend)
Innere Gegend am Ansatz des Oberschenkels; Teil der Muskulatur der Schambeinknochen. Bewusstseinsverlust entsteht durch die Gewalteinwirkung auf die darunterliegende Schlagader und den Nerv (Oberschenkelnerv) sowie auf den inneren Schenkelnerv. Dies verursacht einen ungewöhnlichen Schmerz in der Hüfte und im Bauch, der zu Verlust der motorischen Fähigkeiten führt.

Leber 12

Polarität	Element	Farbe	Wirkung durch
Yin	Holz	grün	Schlag

Bezeichnung			
deutsch	lateinisch	chinesisch	japanisch
Lebhafte Bewegung im Gefäß, Der erregte Puls	pulsus axcitatus	jimai	yakô

Lokalisation:
1 PZ (Cun) unterhalb des Schambeinkamms, 2,5 PZ (Cun) lateral der Körpermittellinie.

Gegend:
Schambeingegend

Angriffsrichtung/Angriffswinkel:
Direkt im 90°-Winkel.

Waffe/Technik:
Hiza-Geri, Ippon-Ken

Kata:
Heian Yondan, Empi, Bassai Dai, Bassai Sho

Wirkung/Schaden:

Achtung: dieser Punkt ist sehr gefährlich!

a) durch einen leichten Angriff:
Schaden am Magen und den Genitalien, physischer Schaden an den Leisten, Blutung an den Genitalien

b) durch einen mittleren Angriff:
Schaden am Magen und den Genitalien, physischer Schaden an den Leisten, Blutung an den Genitalien

c) durch einen starken Angriff:
Schaden am Magen und den Genitalien, physischer Schaden an den Leisten, Blutung an den Genitalien, Tod

d) allgemein:
Ein kombinierter Angriff auf Le 12 und Gb 24 verstärkt die Wirkung.

Erste Hilfe/Gegenmittel/Energierückführung
Positionierung des Getroffenen in Rückenlage. Massage der Magengegend auf der nicht getroffenen Körperseite solange bis eine Besserung eintritt. Schnellstmöglich einen Arzt rufen. Im akuten Notfall reanimieren.

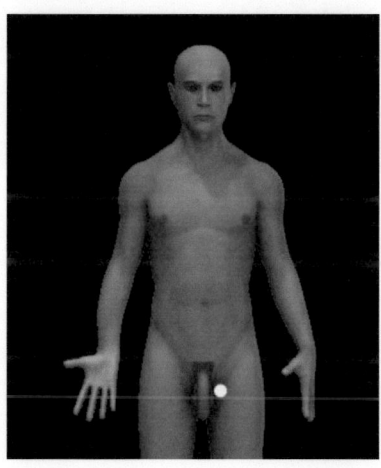

Fukuto (Oberschenkel weiter unten, seitlich)
Mittlerer Teil des seitlichen Vastusmuskels.

Milz 10

Polarität	Element	Farbe	Wirkung durch
Yin	Erde	gelb	Druck, Schlag

Bezeichnung			
deutsch	lateinisch	chinesisch	japanisch
Meer des Blutes, Meer des Xue	mare xue	xuehai	fukuto

Lokalisation:
2 PZ (Cun) proximal des Oberrandes der Patella (Kniescheibe) über dem medialen Patellarand.

Gegend:
innere Kniegegend

Angriffsrichtung/Angriffswinkel:
45° von oben in Richtung Knie.

Waffe/Technik:
Yoko-Geri, Mae-Geri

Kata:
Heian Nidan, Heian Yondan, Jion, Kanku Dai, Sochin

Wirkung/Schaden:

a) durch einen leichten Angriff:
Schock

b) durch einen mittleren Angriff:
Schock, Das Gehirn kann die Steuerung des Körpers nicht mehr übernehmen.

c) durch einen starken Angriff:
Bewusstlosigkeit, Ursache für den Verlust des Bewusstseins ist ein Krampf des Muskels im Oberschenkel, der zu Schmerzen im Unterbauch und dem Versagen der motorischen Funktionen des Beines führt.

Erste Hilfe/Gegenmittel/Energierückführung
Leichter Fingerdruck auf den gegenüberliegenden Milz 10

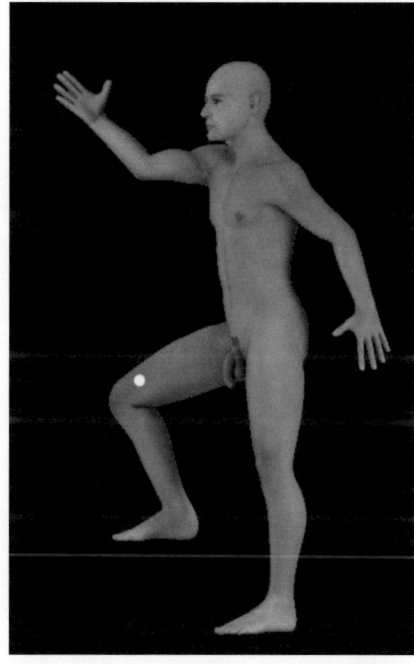

Naike, Uchikurobushi (Innerer Knöchel)
Der Punkt gerade unterhalb der Verdickung des Schienbeines. Obwohl dieser Begriff gewöhnlich den untersten Teil des Schienbeinknochens bezeichnet, d.h. die innere Oberfläche des Fußknöchels, ist mit Uchikurobushi als Angriffspunkt ein Punkt auf der inneren Oberfläche des Sprungbeinknochens gerade unterhalb des Knöchels gemeint.

Niere 6

Polarität	Element	Farbe	Wirkung durch
Yin	Wasser	blau	Schlag

Bezeichnung			
deutsch	lateinisch	chinesisch	japanisch
Feuerschein-Meer, Das Meer der Erhellung	mare illuminationis	haohai	uchikurobushi

Lokalisation:
Direkt unterhalb der Spitze des medialen Malleolus, 0,4 PZ (Cun) unterhalb der unteren Grenze.

Gegend:
innere Knöchelgegend

Angriffsrichtung/Angriffswinkel:
Direkt im 90°-Winkel von der Knöchelseite (Innenfuß).

Waffe/Technik:
Fumikomi

Kata:
Heian Sandan, Heian Godan, Bassai Dai, Bassai Sho, Jion

Wirkung/Schaden:

a) durch einen leichten Angriff:
starker Schmerz

b) durch einen mittleren Angriff:
starker Schmerz, geistige Verwirrung

c) durch einen starken Angriff:
starker Schmerz, geistige Verwirrung, Bewusstlosigkeit, Ursache für den Verlust des Bewusstseins ist Gewalteinwirkung auf die Schienbeinschlagader, was eine ungewöhnliche Art von Schmerz in der Hüftgegend verursacht, die zu einem Verlust der motorischen Funktionen führt.

Erste Hilfe/Gegenmittel/Energierückführung
Massage (mittlerer Druck) der Innenseite des Beines bis zur Leistengegend.

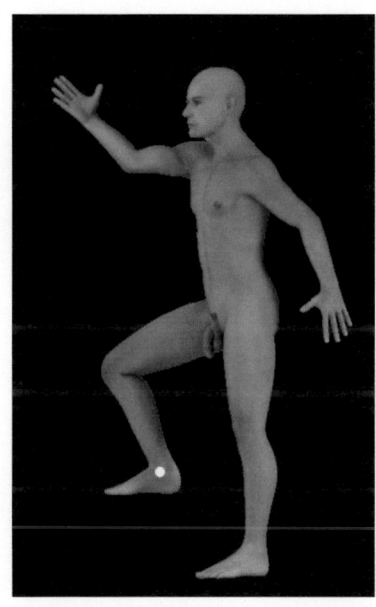

Kôri (Fußrist)
Der mittlere Teil auf der oberen Seite des Fußes. Der Angriffspunkt liegt von der Mitte aus etwas nach innen zwischen den Sehnen der großen Zehe und der zweiten Zehe.

Leber 3

Polarität	Element	Farbe	Wirkung durch
Yin	Holz	grün	Schlag

Bezeichnung			
deutsch	lateinisch	chinesisch	japanisch
Großes Heranstürmen, Die mächtige große Straße	impedimentale maius	taichong	kôri

Lokalisation:
Zwischen dem Mittelfußknochen der 1. und 2. Zehe in einer Vertiefung ca. 1,5 PZ (Cun) proximal vom Grundgelenk.

Gegend:
Mittelfußgegend

Angriffsrichtung/Angriffswinkel:
Direkt im 90°-Winkel von oben nach unten auf den Fuß.

Waffe/Technik:
Kakato-Geri, Fumikomi

Kata:
Heian Sandan, Jion

Wirkung/Schaden:

a) durch einen leichten Angriff:
starker örtlicher Schmerz, Bewusstlosigkeit

b) durch einen mittleren Angriff:
starker örtlicher Schmerz, Bewusstlosigkeit

c) durch einen starken Angriff:
starker örtlicher Schmerz, Bewusstlosigkeit,
Ursache für die Bewusstlosigkeit ist Gewalteinwirkung auf den Nerv in der inneren
Fußsohle, die Schienbeinschlagader und den tiefen Wadenbeinnerv, was zu einem
ungewöhnlichen Schmerz im Bein, der Hüfte und im Bauch führt, der den Verlust der
motorischen Funktionen verursacht.

Erste Hilfe/Gegenmittel/Energierückführung
Setze den Betroffenen auf den Boden. Reibe die komplette Abdomen-Region abwärts,
während der Betroffene ausatmet.

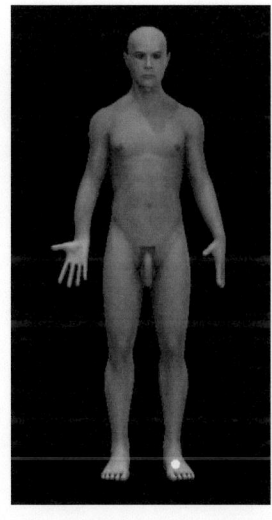

Sôin, Kusagakure (seitliche Fußoberfläche)
Gerade unterhalb des Ansatzes des vierten und fünften Zwischenknochenmuskels.

Gallenblase 43

Polarität	Element	Farbe	Wirkung durch
Yang	Holz	grün	Schlag

Bezeichnung			
deutsch	lateinisch	chinesisch	japanisch
Eingezwängter Schluchtenbach, Der eingezwängte Wasserlauf	rivulus coercitus	xiaxi	sôin, kusagakure

Lokalisation:
Zwischen 4. und 5. Metatarsale, unmittelbar distal hinter dem Metatarso-Phalangeal-Gelenk.

Gegend:
Mittelfußgegend

Angriffsrichtung/Angriffswinkel:
Direkt im 90°-Winkel, direkt von oben auf den Zeh.

Waffe/Technik:
Fumikomi

Kata:
Heian Sandan, Jion

Wirkung/Schaden:

a) durch einen leichten Angriff:
örtlicher Schmerz

b) durch einen mittleren Angriff:
Bewusstlosigkeit, Erhitzung des Kopfes

c) durch einen starken Angriff:
Bewusstlosigkeit, Erhitzung des Kopfes,
Ursache für die Bewusstlosigkeit ist Gewalteinwirkung auf den Nerv in der inneren
Fußsohle, die Schienbeinschlagader und den tiefen Wadenbeinnerv, was zu einem
ungewöhnlichen Schmerz im Bein, der Hüfte und im Bauch führt, der den Verlust der
motorischen Funktionen verursacht.

Erste Hilfe/Gegenmittel/Energierückführung
Druck auf Gallenblase 21 und dann entlang der Schultern nach außen stark abstreifen.

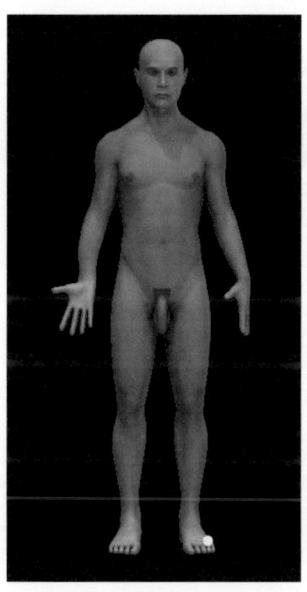

105

Kôkotsu, Mukôzune (Mitte des Wadenbeines)

Magen 40

Polarität	Element	Farbe	Wirkung durch
Yang	Erde	gelb	Druck, Schlag

Bezeichnung			
deutsch	lateinisch	chinesisch	japanisch
Üppige Vorwölbung, Üppige Fülle	abundantia	fenglong	kôkotsu, mukôzune

Lokalisation:
Genau in der Mitte zwischen Unterkante der Patella (Kniescheibe), Magen 35 und der Spitze des malleolus externus, jeweils 8 PZ (Cun) entfernt, 1 PZ (Cun) nach fibular vom Magen 38.

Gegend:
Schienbeingegend/Wadenbeingegend

Angriffsrichtung/Angriffswinkel:
Im 45°-Winkel nach innen und unten.

Waffe/Technik:
Fumikomi, Tuite

Kata:
Bassai Dai, Bassai Sho, Tekki Shodan, Wankan

Wirkung/Schaden:

a) durch einen leichten Angriff:
örtlicher Schmerz

b) durch einen mittleren Angriff:
starker örtlicher Schmerz, Schwächegefühl

c) durch einen starken Angriff:
starker örtlicher Schmerz, Schwächegefühl.
Ein Angriff zu diesem Punkt führt zu einer Verletzung des Wadenbeinnervs, was schwere Schmerzen und den Verlust der aufrechten Haltung nach sich zieht.

Erste Hilfe/Gegenmittel/Energierückführung
Fingerdruck auf Milz 10, Akupunkteur aufsuchen (Magen 40 auf dem anderen Bein behandeln).

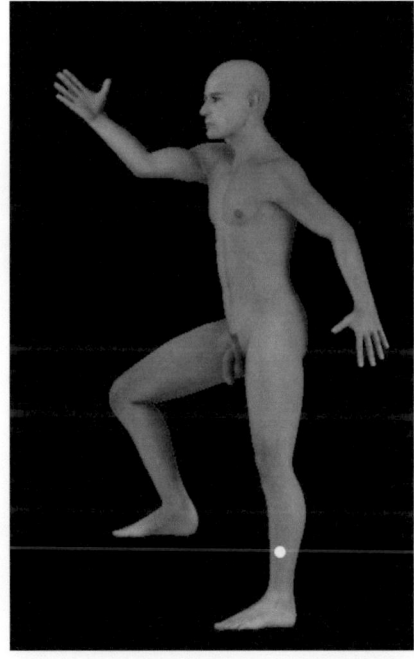

Kinteki (Hoden)

Konzeptionsgefäß 2

Polarität	Element	Farbe	Wirkung durch
Yin	-	schwarz	Schlag

Bezeichnung			
deutsch	lateinisch	chinesisch	japanisch
Der gekrümmte Knochen	os curvum	qugu	-

Lokalisation:
An der Symphyse des Schambeins, auf der Körpermittellinie.

Gegend:
Unterleibgegend

Angriffsrichtung/Angriffswinkel:
Direkt im 90°-Winkel zur Spitze des Schambeinknochens.

Waffe/Technik:
Mae-Geri

Kata::
Jion, Sochin, Chinte

Wirkung/Schaden:
Achtung! Ein Angriff auf diesen Punkt ist sehr gefährlich.

a) durch einen leichten Angriff:
örtlicher Schmerz

b) durch einen mittleren Angriff:
starker örtlicher Schmerz

c) durch einen starken Angriff:
Bewusstlosigkeit, Tod,
Ursache für den Verlust des Bewusstseins ist schwere Gewalteinwirkung auf die Nerven und Arterien der Hoden und der Leisten, wodurch die Hoden sich heben und damit den Verlust der motorischen Funktionen verursachen.

Erste Hilfe/Gegenmittel/Energierückführung
Bei einem leichten Angriff, Massage des Punktes Leber 6, Arzt aufsuchen.

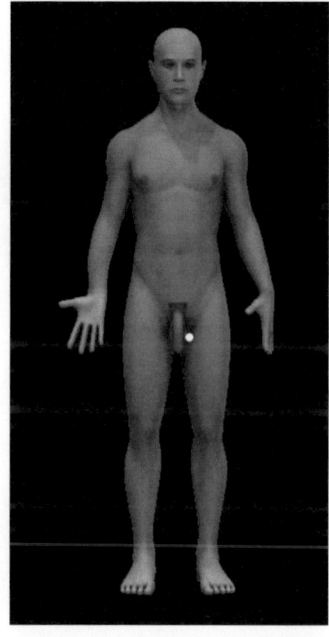

Rückseite:

Oberer Teil (Jodan)

Dokko (Ausbuchtung hinter dem Ohr), 3E 17
Zwischen dem Warzenfortsatz (hinter der Ohrmuschel) und dem Unterkiefer.

Dreifach-Erwärmer 17

Polarität	Element	Farbe	Wirkung durch
Yang	Feuer	rot	Druck, Schlag

Bezeichnung			
deutsch	**lateinisch**	**chinesisch**	**japanisch**
Schutzschild gegen den Wind, Schutzschirm gegen ventus	pluteus venti	yifeng	dokko

Lokalisation:
Am Vorderrand des processus mastoideus, wo das Ohrläppchen bei Druck den processus berührt.

Gegend:
Ohrgegend/seitliche Oberkiefergegend

Angriffsrichtung/Angriffswinkel:
Im 45°-Winkel von hinten in Richtung der Nasenspitze.

Waffe/Technik:
Ippon-Ken, Haito-Uchi, Tuite, Hiraken, Gedan-Barai

Kata:
Heian Shodan, Basssai Dai, Unsu

Wirkung/Schaden:
Achtung! Ein Angriff auf diesen Punkt ist sehr gefährlich.

a) durch einen leichten Angriff:
starker örtlicher Schmerz

b) durch einen mittleren Angriff:
Bewusstlosigkeit, Tod

c) durch einen starken Angriff:
Bewusstlosigkeit, Tod, Bewusstlosigkeit kommt von Gewalteinwirkung auf die Schädelnerven und das Rückenmark, was zum Verlust der sensorischen und motorischen Funktionen führt.

Erste Hilfe/Gegenmittel/Energierückführung
Keine möglich.

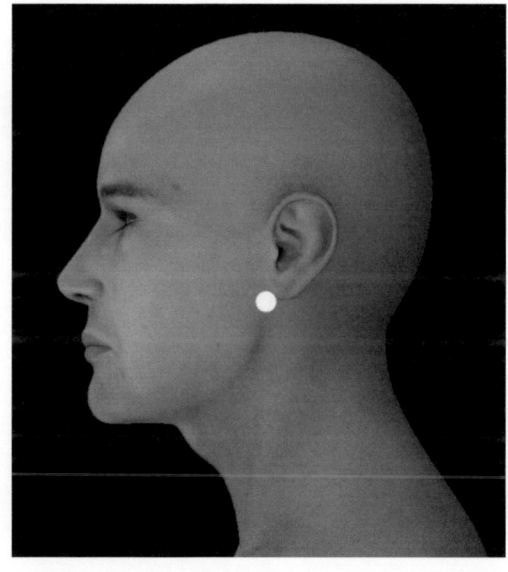

Keichû (Nacken)
Dritter Halswirbelzwischenraum.

Blase 10

Polarität	Element	Farbe	Wirkung durch
Yang	Wasser	blau	Schlag

Bezeichnung			
deutsch	lateinisch	chinesisch	japanisch
Himmelssäule, Säule des Himmels	columna caeli	tianzhu	-

Lokalisation:
1,3 PZ (Cun) lateral Lenkergefäß 15, zwischen den processi spinosi 1. und 2. Halswirbelkörper, ungefähr 0,5 PZ (Cun) innerhalb des Haaransatzes auf der lateralen Seite des m. trapecius.

Gegend:
Hinterkopfgegend

Angriffsrichtung/Angriffswinkel:
Im 45°-Winkel von unten nach oben.

Waffe/Technik:
Kentsui-Uchi, Teisho-Uchi, Shuto-Uchi, Haito-Uchi, Shuto-Uke

Kata:
Heian Shodan, Heian Nidan, Bassai Dai, Kanku Dai, Sochin, Unsu

Wirkung/Schaden:
Achtung! Ein Angriff auf diesen Punkt ist sehr gefährlich.

a) durch einen leichten Angriff:
Atembeschwerden, Schwindel, Bewusstlosigkeit

b) durch einen mittleren Angriff:
Atembeschwerden, Schwindel, Bewusstlosigkeit

c) durch einen starken Angriff: Bewusstlosigkeit, Tod,
Bewusstlosigkeit kommt von der schwerer Gewalteinwirkung auf das Gehirn, die
Schädelnerven und das Rückenmark, was zum Verlust der sensorischen und motorischen
Funktionen führt.

Erste Hilfe/Gegenmittel/Energierückführung
Nach einem leichten Angriff hilft Druck von Gallenblase 20 in Richtung Kopfmitte.
Nach starken Angriffen sofort reanimieren. Sollte die Reanimation erfolgreich sein, so
bleiben in den meisten Fällen Dauerschäden (Kopfschmerzen) zurück.

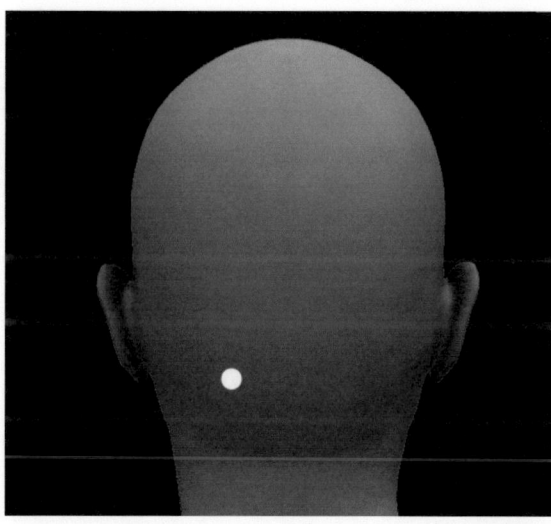

Mittlerer Teil (Chudan)

Hayauchi (mittlere Schulterblattkanten)
In der Höhe des dritten Rippenzwischenraums.

Blase 12

Polarität	Element	Farbe	Wirkung durch
Yang	Wasser	blau	Schlag

Bezeichnung			
deutsch	**lateinisch**	**chinesisch**	**japanisch**
Pforte des Windes, Pforte der Winde	porta ventorum	fengmen	-

Lokalisation:
1,5 PZ (Cun) lateral vom processus spinosus des 2. BWK (TH2).

Gegend:
Schulterblattgegend

Angriffsrichtung/Angriffswinkel:
Im 45°-Winkel von oben nach unten.

Waffe/Technik:
Teisho-Uchi, Shuto-Uchi, Otoshi-Empi

Kata:
Jion, Sochin

Wirkung/Schaden:

a) durch einen leichten Angriff:
emotionale Unausgeglichenheit

b) durch einen mittleren Angriff:
emotionale Unausgeglichenheit

c) durch einen starken Angriff:
physischer Schaden am Brustwirbelkörper, emotionale Unausgeglichenheit,
Bewusstlosigkeit kommt von einer schweren Gewalteinwirkung auf die Lungen und das
Rückenmark, was zu Atemschwierigkeiten führt und zu Störungen des Blutkreislaufs in
Verbindung mit dem Verlust der motorischen Funktionen.

Erste Hilfe/Gegenmittel/Energierückführung
Druck auf Blase 10 an beiden Körperseiten leicht einwärts.

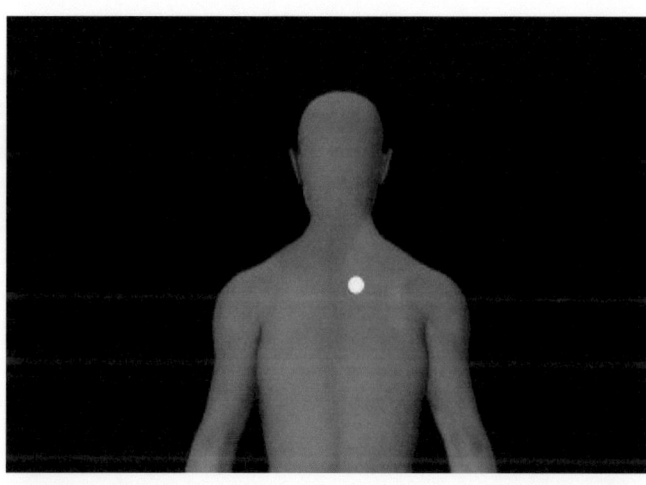

Kassatsu

Blase 14

Polarität	Element	Farbe	Wirkung durch
Yang	Wasser	blau	Schlag

Bezeichnung			
deutsch	lateinisch	chinesisch	japanisch
Transportpunkt des Jue-Yin (=Perikard), Einflusspunkt für das weichende Yin	inductorium yin flectentis	jueyinshu	kassatsu

Lokalisation:
1,5 PZ (Cun) lateral des Dornfortsatzes des 4. BWK (TH4)

Gegend:
obere Rückengegend

Angriffsrichtung/Angriffswinkel:
Direkt im 90°-Winkel.

Waffe/Technik:
Yoko-Empi, Kage-Zuki, Mawashi-Zuki, Teisho-Uchi

Kata:
Heian Godan, Tekki Shodan, Jion

Wirkung/Schaden:
Achtung! Ein Angriff auf diesen Punkt ist sehr gefährlich.

a) durch einen leichten Angriff:
Schädigung von Herz und Niere

b) durch einen mittleren Angriff:
Schädigung von Herz und Niere, Herzrhythmusstörung, Herzstillstand

c) durch einen starken Angriff:
Herzrhythmusstörung, Bewusstlosigkeit, Herzstillstand, Tod,
Bewusstlosigkeit kommt von Gewalteinwirkung auf Rückenmark, Aorta, Herz und
Lungen, was zu einem Verlust der sensorischen und motorischen Funktionen führt und
ein Aussetzen der Atmung nach sich zieht.

Erste Hilfe/Gegenmittel/Energierückführung
Druck auf Niere 1, Herz 3 oder Perikard 6.

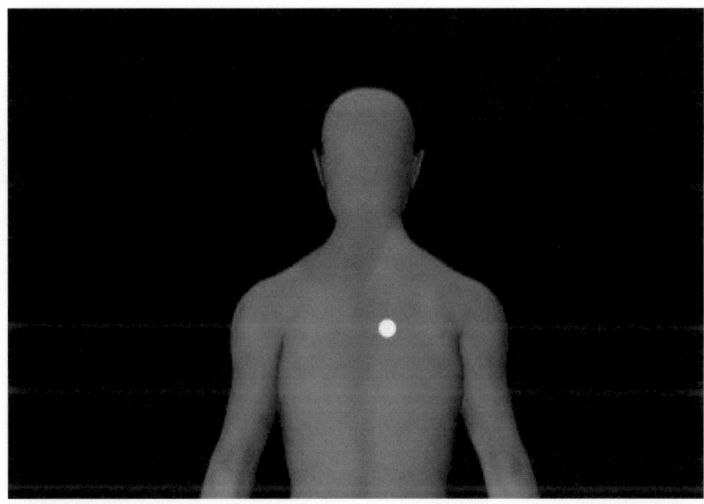

Ushirodenkô

Die jeweils linke und rechte Seite des 9. und 11. Brustwirbels. Die beiden Seiten des 9. Brustwirbels werden allgemein als Shakkatsudenkô bezeichnet, und es heißt, dass man durch Pressen dieser beiden Punkte mit den Daumen einen Krampf beseitigen kann. Die beiden Seiten des 11. Brustwirbels jedoch sind effektivere Punkte für einen Angriff. Ursache für den Verlust des Bewusstseins ist schwere Gewalteinwirkung auf die Nieren und die damit verbundenen Nerven und Blutgefäße, was dann zum Schock und Verlust der motorischen Funktionen führt.

Blase 18

Polarität	Element	Farbe	Wirkung durch
Yang	Wasser	blau	Schlag

Bezeichnung			
deutsch	lateinisch	chinesisch	japanisch
Transportpunkt der Leber	inductorium hepaticum	ganshu	ushirodenkô

Lokalisation:
1,5 PZ (Cun) lateral des Dornfortsatzes des 9. BWK (TH 9).

Gegend:
mittlere Rückengegend

Angriffsrichtung/Angriffswinkel:
Direkt im 90°-Winkel.

Waffe/Technik:
Ippon-Ken, Kage-Zuki, Mawashi-Zuki, Yoko-Empi, Hiza-Geri

Kata:
Heian Yondan, Heian Godan, Tekki Shodan, Jion

Wirkung/Schaden:
Achtung! Ein Angriff auf diesen Punkt ist sehr gefährlich.

a) durch einen leichten Angriff:
starke Übelkeit, Schädigung der Leber und der Gallenblase

b) durch einen mittleren Angriff:
starke Übelkeit, Schädigung der Leber und der Gallenblase

c) durch einen starken Angriff:
Bewusstlosigkeit, vorübergehende Blindheit

Erste Hilfe Gegenmittel/Energierückführung
Druck auf Blase 18 oder Leber 3.

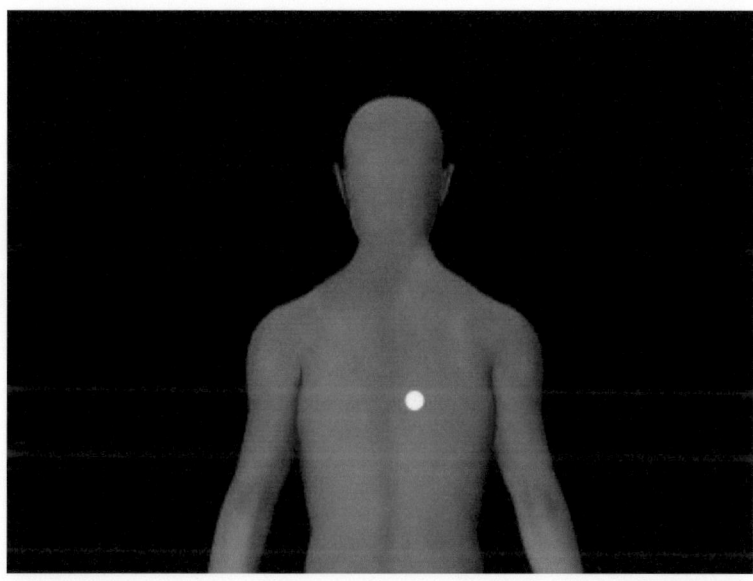

Blase 19

Polarität	Element	Farbe	Wirkung durch
Yang	Wasser	blau	Schlag

Bezeichnung			
deutsch	lateinisch	chinesisch	japanisch
Transportpunkt der Gallenblase	inductorium felleum	danshu	-

Lokalisation:
1,5 PZ (Cun) lateral des Dornfortsatzes des 10. BWK (TH 10).

Gegend:
mittlere Rückengegend

Angriffsrichtung/Angriffswinkel:
Direkt im 90°-Winkel.

Waffe/Technik:
Ippon-Ken, Yoko-Empi, Kage-Zuki, Mawashi-Zuki, Hiza-Geri

Kata:
Heian Yondan, Heian Godan, Tekki Shodan, Jion

Wirkung/Schaden:

a) durch einen leichten Angriff:
starke Übelkeit

b) durch einen mittleren Angriff:
starker örtlicher Schmerz

c) durch einen starken Angriff:
starker örtlicher Schmerz

d) allgemein:
Angriff von oben nach unten: Kontrollverlust über Beine und Arme, Angriff von unten nach oben: Probleme mit der Nahrungsaufnahme.
Ein Kombinationsangriff auf Blase 19, Gallenblase 25 und Leber 14 kann den Tod verursachen. Das Schmerzempfinden im Oberkörper ist größer.

Erste Hilfe/Gegenmittel/Energierückführung
Nach einem Kombinationsangriff sofort reanimieren. Sonst reicht eine Massage des Unterarms vom Ellenbogen aus in Richtung Handgelenk.

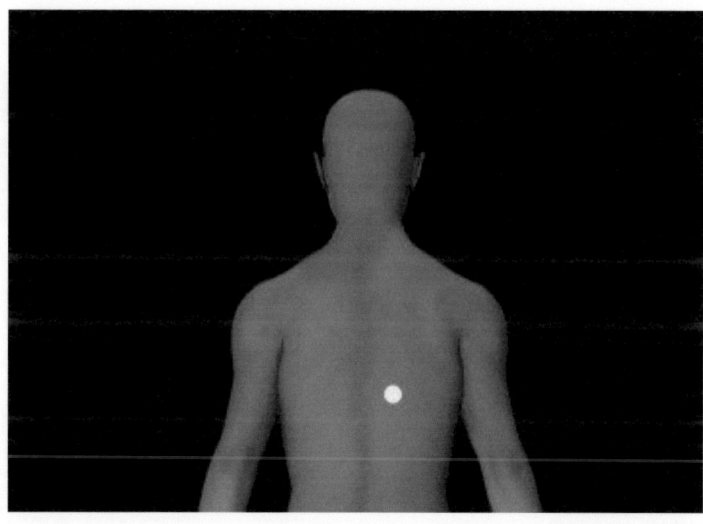

Blase 20

Polarität	Element	Farbe	Wirkung durch
Yang	Wasser	blau	Schlag

Bezeichnung			
deutsch	lateinisch	chinesisch	japanisch
Transportpunkt der Milz	inductorium lienale	pishu	-

Lokalisation:
1,5 PZ (Cun) lateral des Dornfortsatzes des 11. BWK (TH 11).

Gegend:
mittlere Rückengegend

Angriffsrichtung/Angriffswinkel:
Direkt im 90°-Winkel.

Waffe/Technik:
Ippon-Ken, Kage-Zuki, Mawashi-Zuki, Hiza-Geri

Kata:
Heian Yondan, Heian Godan, Tekki Shodan, Jion

Wirkung/Schaden:
Achtung! Ein Angriff auf diesen Punkt ist sehr gefährlich.

a) durch einen leichten Angriff:
Erbrechen, Übelkeit, Schädigung der Gallenblase, der Leber und der Milz

b) durch einen mittleren Angriff:
Erbrechen, Übelkeit, Schädigung der Gallenblase, der Leber und der Milz

c) durch einen starken Angriff:
Erbrechen, Übelkeit, Schädigung der Gallenblase, der Leber und der Milz

d) allgemein:
Ein Kombinationsangriff auf Blase 20 und Milz 17 führt zum Tod.

Erste Hilfe/Gegenmittel/Energierückführung
Sofort einen Arzt aufsuchen.

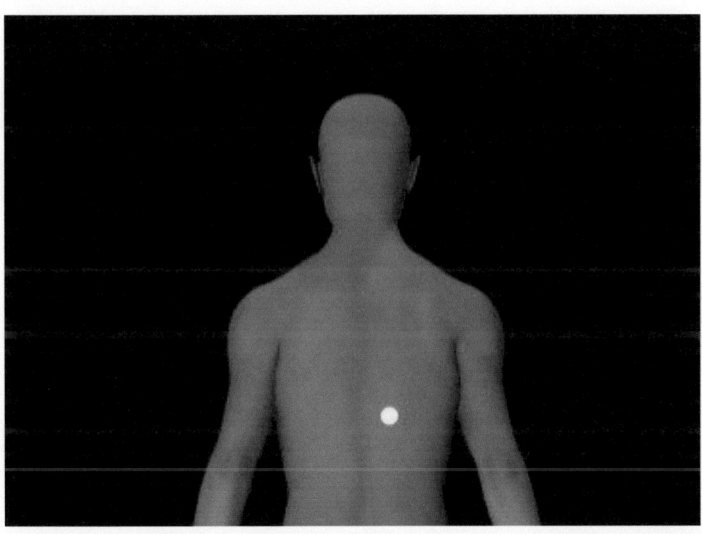

Bitei (Steißbein)

Lenkergefäß 2

Polarität	Element	Farbe	Wirkung durch
Yang	-	weiß	Schlag

Bezeichnung			
deutsch	lateinisch	chinesisch	japanisch
Einflußpunkt der Lenden, Transportpunkt des Lendenbereichs	inductorium lumbale	yaoshu	bitei

Lokalisation:
Im Zwischenraum zwischen os sacrum und dem Steißbein.

Gegend:
Steißbeingegend

Angriffsrichtung/Angriffswinkel:
Im 45°-Winkel aufwärts in Richtung der Wirbelsäule.

Waffe/Technik:
Hiza-Geri, Empi

Kata:
Heian Yondan

Wirkung/Schaden:

a) durch einen leichten Angriff:
örtlicher Schmerz

b) durch einen mittleren Angriff:
Physischer Schaden (Bruch), Bewusstlosigkeit

c) durch einen starken Angriff:
Physischer Schaden (Bruch), Bewusstlosigkeit
Ursache für Bewusstlosigkeit ist Gewalteinwirkung auf das gesamte Rückenmark.
Dies führt zu einem Schock auf das Gehirn und zum Verlust der sensorischen und
motorischen Funktionen.

Erste Hilfe/Gegenmittel/Energierückführung
Leichter Druck (kreisend) auf Lenkergefäß 1

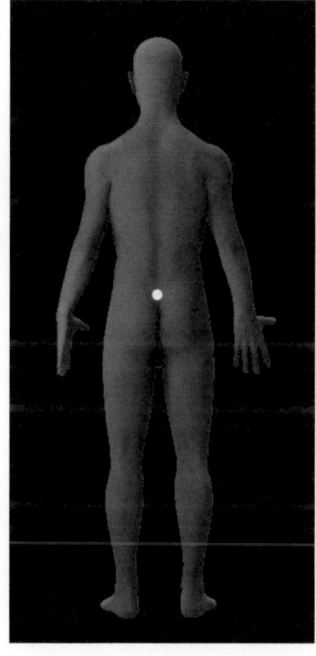

Wanjun (Oberarm, rückwärtige Oberfläche)
Mittlerer Teil zwischen Bizeps und Trizeps.

Dreifach-Erwärmer 12

Polarität	Element	Farbe	Wirkung durch
Yang	Feuer	rot	Druck, Schlag, Reibung

Bezeichnung			
deutsch	lateinisch	chinesisch	japanisch
Punkt, der zerstreut, Verteilung im Flussbett	quod dispellit	xiaoluo	-

Lokalisation:
In der Mitte der Verbindungslinie zwischen Dreifach-Erwärmer 11 und Dreifach-Erwärmer 13.

Gegend:
hintere Oberarmgegend

Angriffsrichtung/Angriffswinkel:
Direkt im 90°-Winkel.

Waffe/Technik:
Shuto-Uchi, Soto-Uke, Gedan-Barai, Kage-Zuki, Tuite, Hebel

Kata:
Heian Shodan, Heian Nidan

Wirkung/Schaden:

a) durch einen leichten Angriff:
örtlicher Schmerz

b) durch einen mittleren Angriff:
starker örtlicher Schmerz, Bewusstlosigkeit

c) durch einen starken Angriff:
starker örtlicher Schmerz, Bewusstlosigkeit, physischer Schaden (Bruch),
Bewusstlosigkeit kommt von einer Gewalteinwirkung auf den Ellennerv, den mittleren
Armnerv und die Blutgefäße des Oberarms, was zu einer ungewöhnlichen Art von
Schmerz in Brust und Hals sowie zum Verlust der motorischen Funktionen führt.

Erste Hilfe/Gegenmittel/Energierückführung
Greife an beiden Armen den Trizeps und massiere ihn leicht, bis die Funktionalität des
Arms wieder hergestellt ist. Eine weitere Möglichkeit ist das Handgelenk des
angegriffenen Arms zu fassen und den Arm leicht zu schütteln. Reibe danach die
Außenseite des Oberarms von oben nach unten.
Drücke danach leicht auf Dickdarm 10 und anschließend Dreifach-Erwärmer 8.

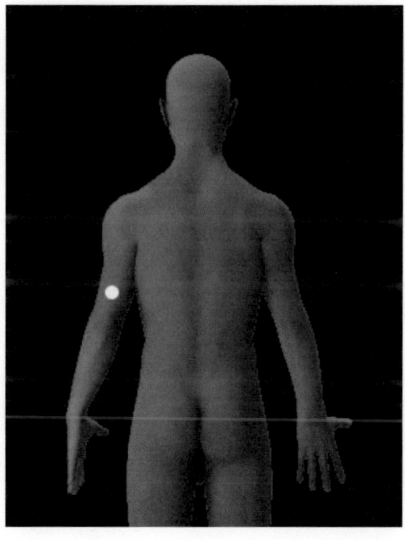

Chûkitsu, Hijizume (seitliche Oberfläche des Ellenbogens)

Dünndarm 8

Polarität	Element	Farbe	Wirkung durch
Yang	Feuer	rot	Druck, Schlag

Bezeichnung			
deutsch	**lateinisch**	**chinesisch**	**japanisch**
Meer der Dünndarm-Leitbahn, Kleines Meer	mare parvum	xiaohai	chûkitsu

Lokalisation:
Dorsal am Ellbogen, Vertiefung zwischen olecranon ulnae und der Spitze des epicondylus humeri, Grenze von „weißem" zu „rotem" Fleisch.

Gegend:
Ellenbogengegend

Angriffsrichtung/Angriffswinkel:
Direkt im 90°-Winkel.

Waffe/Technik:
Teisho-Uchi, Kage-Zuki, Mawashi-Zuki, Tetsui-Uchi, Tuite

Kata:
Heian Shodan, Tekki Shodan, Tekki Sandan, Jion

Wirkung/Schaden:

a) durch einen leichten Angriff:
starker örtlicher Schmerz, Qi-Ableitung

b) durch einen mittleren Angriff:
starker örtlicher Schmerz, Qi-Ableitung

c) durch einen starken Angriff:
starker örtlicher Schmerz, Qi-Ableitung

d) allgemein:
Ein gleichzeitiger Angriff auf Dünndarm 8 und Lunge 5 kann zur Bewusstlosigkeit führen. Bewusstlosigkeit kommt von Gewalteinwirkung auf den Ellennerv, was einen ungewöhnlichen Schmerz in Brust und Hals verursacht und mit dem Verlust der motorischen Funktionen einhergeht.

Erste Hilfe/Gegenmittel/Energierückführung
Druck auf einen Punkt zwischen Dünndarm 1 bis Dünndarm 7.

Herz 3

Polarität	Element	Farbe	Wirkung durch
Yin	Feuer	rot	Druck, Schlag

Bezeichnung			
deutsch	lateinisch	chinesisch	japanisch
Das kleine Meer, Meer der Shao (Yin-Leitbahn)	mare minus	shaohai	-

Lokalisation:
Am medialen Ende der Ellbogenfalte, bei gebeugtem Ellbogen oberhalb des medialen epicondylus humeri.

Gegend:
Ellenbogengegend

Angriffsrichtung/Angriffswinkel:
Im 45°-Winkel nach innen.

Waffe/Technik:
Kage-Zuki, Seiken-Zuki, Tuite

Kata:
Heian Godan, Bassai Dai, Tekki Shodan, Jion, Kanku Sho

Wirkung/Schaden:
Achtung! Ein Angriff auf diesen Punkt ist sehr gefährlich.

a) durch einen leichten Angriff:
starker örtlicher Schmerz, Schwächegefühl

b) durch einen mittleren Angriff:
starker örtlicher Schmerz, Schwächegefühl, evtl. Herzstillstand

c) durch einen starken Angriff:
starker örtlicher Schmerz, Schwächegefühl, evtl. Herzstillstand, Schädigung der Sehne

Erste Hilfe/Gegenmittel/Energierückführung
Druck auf Herz 3 auf der gegenüberliegenden Seite oder Druck auf Herz 9.

Sotoshakutaku (Rückenseite des Handgelenks)
Raum zwischen den Enden von Elle und Speiche.

Dünndarm 6

Polarität	Element	Farbe	Wirkung durch
Yang	Feuer	rot	Druck, Schlag, Reibung

Bezeichnung			
deutsch	lateinisch	chinesisch	japanisch
Pflege im Alter, Glückliches Alter	senectus felix	yanglao	-

Lokalisation:
Auf der radialen Seite des processus styloideus ulnae in einer Vertiefung, bei leicht angewinkeltem Arm, wird die Handfläche der Brust zugekehrt.

Gegend:
untere Oberarmgegend/äußere Handgelenkgegend

Angriffsrichtung/Angriffswinkel:
Im 45°-Winkel in Richtung der Hand.

Waffe/Technik:
Empi, Ippon-Ken

Kata:
Chinte

Wirkung/Schaden:

a) durch einen leichten Angriff:
örtlicher Schmerz

b) durch einen mittleren Angriff:
starker örtlicher Schmerz, Spannung aller Sehnen im Körper

c) durch einen starken Angriff:
starker örtlicher Schmerz, evtl. vorübergehende Blindheit, Bewusstlosigkeit. Ursache für Bewusstlosigkeit ist Gewalteinwirkung auf den mittleren Armnerv und Verlust der motorischen Funktionen.

Erste Hilfe/Gegenmittel/Energierückführung
Druck auf gegenüberliegenden Dünndarm 6.

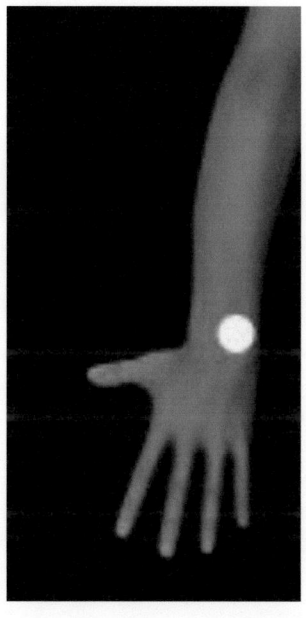

Dreifach-Erwärmer 4

Polarität	Element	Farbe	Wirkung durch
Yang	Feuer	rot	Druck, Schlag

Bezeichnung			
deutsch	lateinisch	chinesisch	japanisch
Yang-Teich, Teich des Yang	stagnum yang	yangchi	–

Lokalisation:
In einer Vertiefung zwischen Elle und Mittelhandknochen, lateral der Sehne des m. extensor digitorum.

Gegend:
Handgelenkgegend

Angriffsrichtung/Angriffswinkel:
Direkt im 90°-Winkel.

Waffe/Technik:
Ippon-Ken, Tetsui-Uchi, Uchi-Uke, Tuite

Kata:
Heian Sandan, Jion, Bassai Dai, Sochin

Wirkung/Schaden:

a) durch einen leichten Angriff:
örtlicher Schmerz, Qi-Ableitung, Übelkeit

b) durch einen mittleren Angriff:
Schädigung der Handgelenkssehnen, Qi-Ableitung, Übelkeit, Bewusstlosigkeit

c) durch einen starken Angriff:
Schädigung der Handgelenkssehnen, Qi-Ableitung, Übelkeit, Bewusstlosigkeit

Erste Hilfe/Gegenmittel/Energierückführung
Bei Schädigung der Sehnen, Druck auf Dreifach-Erwärmer 4 an der anderen Hand.
Bei Qi-Ableitung hilft leichter Druck auf Lenkergefäß 20.

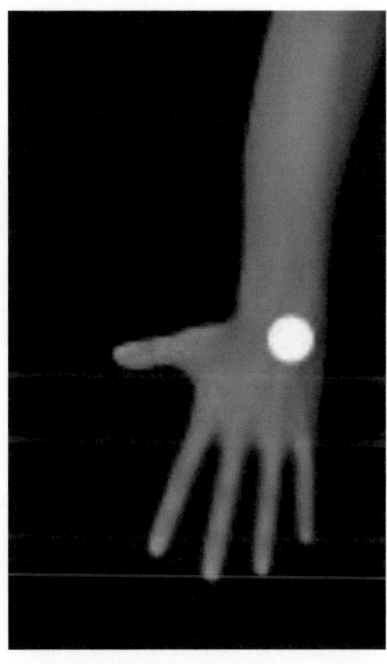

Unterer Teil (Gedan)

Ushiro inazuma (Gesäßfalte)

Blase 36

Polarität	Element	Farbe	Wirkung durch
Yang	Wasser	blau	Schlag

Bezeichnung			
deutsch	lateinisch	chinesisch	japanisch
Spalte des Fleisches, Aufnehmen und unterstützen	rima carnis	chengfu	-

Lokalisation:
In der Mitte der Glutealfalte (Gesäßfalte).

Gegend:
Gesäßgegend

Angriffsrichtung/Angriffswinkel:
Im 45°-Winkel aufwärts in Richtung Gesäß.

Waffe/Technik:
Mae-Geri, Hiza-Geri

Kata:
Heian Nidan, Heian Yondan, Jion

Wirkung/Schaden:

a) durch einen leichten Angriff:
keine

b) durch einen mittleren Angriff:
Übelkeit, Bewusstlosigkeit

c) durch einen starken Angriff:
Übelkeit, Bewusstlosigkeit,
Ursache für den Verlust des Bewusstseins ist Gewalteinwirkung auf den Ischiasnerv, was zu einem ungewöhnlichen Schmerz in der Bauch- und Hüftgegend führt und den Verlust der motorischen Funktionen nach sich zieht.

Erste Hilfe/Gegenmittel/Energierückführung
Schlag auf Gallenblase 21 und danach stark in Richtung der Schulter abstreifen.

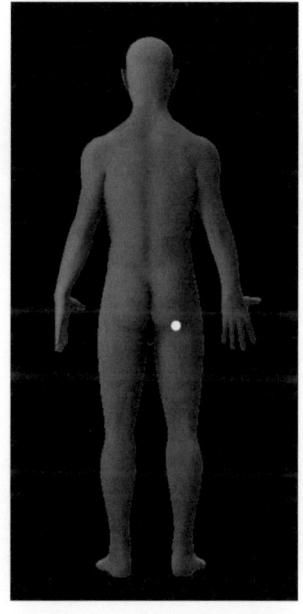

Kusanagi (unterer Teil des Schollenmuskels)

Blase 57

Polarität	Element	Farbe	Wirkung durch
Yang	Wasser	blau	Schlag

Bezeichnung			
deutsch	lateinisch	chinesisch	japanisch
Unterstützung der (Muskel-) Berge, Säule des Fleisches	columna carnis	chengshan	-

Lokalisation:
In der Vertiefung zwischen den Gastrocnemius-Köpfen oder in der Mitte der Linie zwischen Blase 40 und Blase 60.

Gegend:
Wadengegend

Angriffsrichtung/Angriffswinkel:
Im 45°-Winkel aufwärts.

Waffe/Technik:
Mae-Geri, Nami-Gaeshi, Fumikomi

Kata:
Bassai Dai, Jion, Tekki Shodan

Wirkung/Schaden:

a) durch einen leichten Angriff:
Kontrollverlust über die Motorik der Beine, evtl. Probleme mit dem Anus.

b) durch einen mittleren Angriff:
Kontrollverlust über die Motorik der Beine, evtl. Probleme mit dem Anus.

c) durch einen starken Angriff:
Kontrollverlust über die Motorik der Beine, evtl. Probleme mit dem Anus.
Bewusstlosigkeit.
Ursache für den Verlust des Bewusstseins ist Gewalteinwirkung auf die
Schienbeinschlagader und den Schienbeinnerv, was zu einem ungewöhnlichen Schmerz
in der Bauch- und Hüftgegend und zum Verlust der motorischen Funktionen führt.

Erste Hilfe/Gegenmittel/Energierückführung
Bei Problemen mit dem Anus, sofort einen Arzt oder Akupunkteur aufsuchen
Sonst hilft eine Massage des Wadenbeins aufwärts.

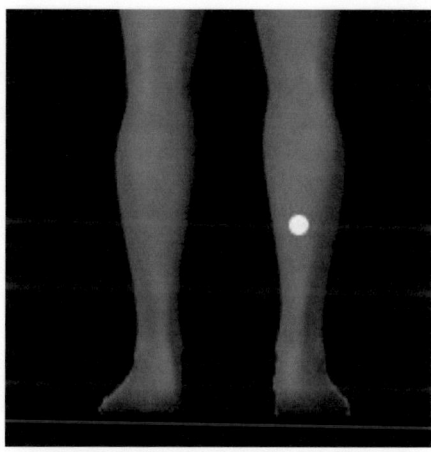

Blase 58

Polarität	Element	Farbe	Wirkung durch
Yang	Wasser	blau	Druck, Schlag

Bezeichnung			
deutsch	lateinisch	chinesisch	japanisch
Aufrichtung zum Flug, Das zurückweichende Yang	yang flectens	feiyang	-

Lokalisation:
7 PZ (Cun) proximal von Bl 60, am lateralen Rand des m. gastrocnemius, 1 PZ (Cun) unterhalb Blase 57, zwischen m. gastrocnemius und m. soleus, gleiche Höhe wie Gallenblase 35/Gallenblase 36.

Gegend:
Wadengegend

Angriffsrichtung/Angriffswinkel:
Im 45°-Winkel von der Seite.

Waffe/Technik:
Mae-Geri, Fumikomi, Kakato-Geri, Tuite

Kata:
Bassai Dai, Jion

Wirkung/Schaden:

a) durch einen leichten Angriff:
starker örtlicher Schmerz

b) durch einen mittleren Angriff:
Kontrollverlust über die Motorik des Beins, Schock im gesamten Körper

c) durch einen starken Angriff:
Kontrollverlust über die Motorik des Beins, Schock im gesamten Körper

Erste Hilfe/Gegenmittel/Energierückführung
Massage von Blase 58.

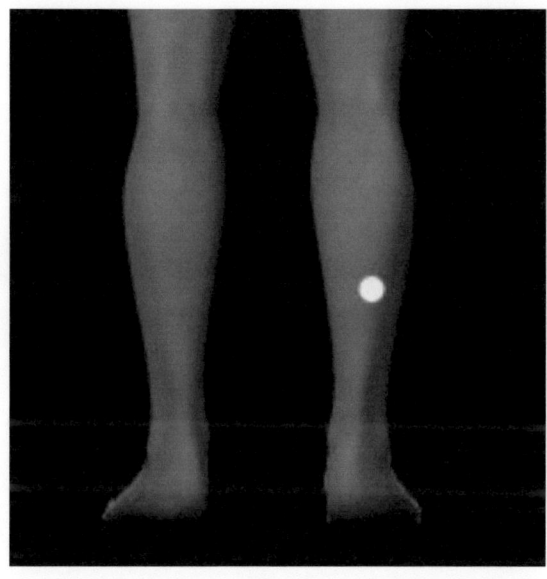

MHN 18, Ex 7

Polarität	Element	Farbe	Wirkung durch
keine	kein	keine	Druck, Schlag, Reibung

Bezeichnung			
deutsch	**lateinisch**	**chinesisch**	**japanisch**
Neben dem Punkt, der die Flüssigkeit aufnimmt	iuxta foramen recipiens liquores	jiachengjiang	-

Lokalisation:
Direkt unter dem Mundwinkel, 0,5 PZ (Cun) neben Konzeptionsgefäß 24.

Gegend:
Kinngegend

Angriffsrichtung/Angriffswinkel:
gerade im 90°-Winkel nach innen oder 45° nach unten

Waffe/Technik:
Seiken-Zuki, Ippon-Ken, Manji-Uke

Kata:
Jion, Jitte, Ji In, Kanku Dai, Kanku Sho

Wirkung/Schaden:

a) durch einen leichten Angriff:
leichter Schmerz, Schwächung der Halsmuskulatur

b) durch einen mittleren Angriff:
starker Schmerz, Schwächung der Halsmuskulatur

c) durch einen starken Angriff:
starker Schmerz, Schwächung der Halsmuskulatur

Erste Hilfe/Reanimation/Energierückführung
Sofort reanimieren.

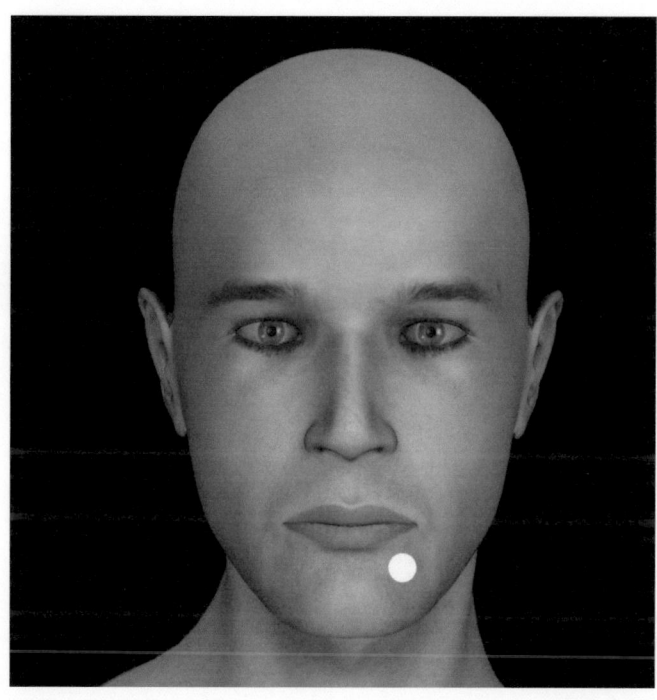

Blase 56

Polarität	Element	Farbe	Wirkung durch
Yang	Wasser	blau	Druck, Schlag

Bezeichnung			
deutsch	lateinisch	chinesisch	japanisch
Unterstützung der Sehnen, Stützung des Bewegungsapparates	recipiens nervos	chengjin	–

Lokalisation:
In der Mitte zwischen Blase 55 und Blase 57, in der Mitte des Wadenmuskels.

Gegend:
Wadengegend

Angriffsrichtung/Angriffswinkel:
Direkt im 90°-Winkel.

Punktart:
Schlagpunkt, Druckpunkt

Waffe/Technik:
Fumikomi, Mae-Geri

Kata:
Bassai Dai, Jion

Wirkung/Schaden:

a) durch einen leichten Angriff:
örtlicher Schmerz

b) durch einen mittleren Angriff:
Verkrampfung der Wadenmuskulatur

c) durch einen starken Angriff:
Verkrampfung der Wadenmuskulatur
d) allgemein:
Schock im gesamten Körper

Erste Hilfe/Gegenmittel/Energierückführung
Bei physischem Schaden einen Arzt aufsuchen.

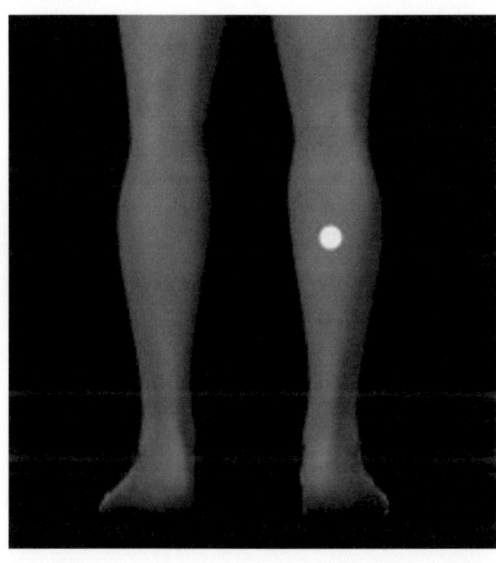

Leber 9

Polarität	Element	Farbe	Wirkung durch
Yin	Holz	grün	Druck, Schlag

Bezeichnung			
deutsch	lateinisch	chinesisch	japanisch
Yin-Einhüllung, Punkt des Uterus	foramen uteri	yinbao	–

Lokalisation:
4 PZ (Cun) proximal von Leber 8 in einer Vertiefung zwischen dem mm. vastusmedialis et sartorius.

Gegend:
innere Oberschenkelgegend

Angriffsrichtung/Angriffswinkel:
Direkt im 90°-Winkel.

Punktart:
Schlagpunkt, Druckpunkt

Waffe/Technik:
Hiza-Geri, Empi-Uchi, Nami-Gaeshi, Mae-Geri

Kata:
Tekki Shodan, Heian Yondan, Empi, Bassai Dai, Bassai Sho, Jion

Wirkung/Schaden:
Achtung! Ein Angriff auf diesen Punkt ist sehr gefährlich.

a) durch einen leichten Angriff:
Bewusstlosigkeit

b) durch einen mittleren Angriff:
Bewusstlosigkeit, Organversagen der Leber, Tod

c) durch einen starken Angriff:
Organversagen der Leber, Tod

Erste Hilfe/Gegenmittel/Energierückführung
Druck auf Gallenblase 41.

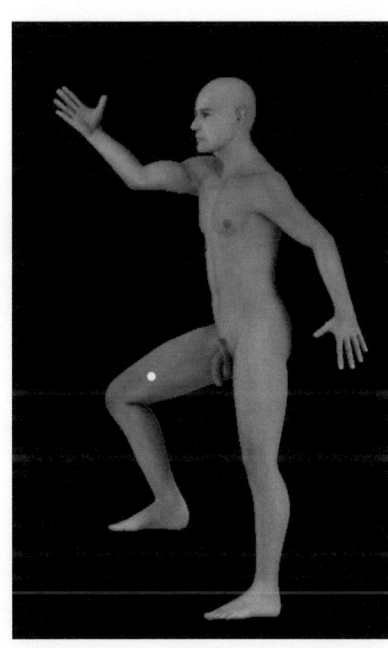

Lunge 5

Polarität	Element	Farbe	Wirkung durch
Yin	Metall	weiß, grau	Druck, Schlag

Bezeichnung			
deutsch	lateinisch	chinesisch	japanisch
Moorsee am Fußpunkt, Wasserreservoir der Elle, Moor der Elle, Teich am Ellenbogen	lacus pedalis	Chize	-

Lokalisation:
In der Mitte der Ellbeuge, an der Innenkante des m. brachioradialis.

Gegend:
Ellenbogengegend

Angriffsrichtung/Angriffswinkel:
Direkt im 90°-Winkel in das Ellenbogengelenk hinein. Dann in Richtung des Handgelenks ziehen oder drücken

Punktart:
Schlagpunkt, Druckpunkt

Waffe/Technik:
Haishu-Uchi, Gedan-Barai, Otoshi-Uke, Kosa-Uke, Shuto-Uke, Tuite

Kata:
Heian Shodan, Jion, Meikyo, Sochin

Wirkung/Schaden:

a) durch einen leichten Angriff:
Bewusstlosigkeit kann hervorgerufen werden, wenn ein Handrücken-Angriff mit entspanntem Arm ausgeführt wird. Der Arm wird dabei mit seinem Eigengewicht auf das Ziel fallen gelassen.

b) durch einen mittleren Angriff:
Bewusstlosigkeit kann hervorgerufen werden, wenn ein Handrücken-Angriff mit entspanntem Arm ausgeführt wird. Der Arm wird dabei mit seinem Eigengewicht auf das Ziel fallen gelassen.

c) durch einen starken Angriff:
Gehirnschädigung

d) allgemein:
Ein Angriff auf diesen Punkt verursacht häufig einen großen Schaden im gesamten System, was zur Störung des energetischen und physischen Gleichgewichtes des Oberkörpers führen kann.

Erste Hilfe/Gegenmittel/Energierückführung
Stimulation des gegenüberliegenden Punktes Lunge 5. Dadurch wird Qi zurück in die Lunge gebracht.

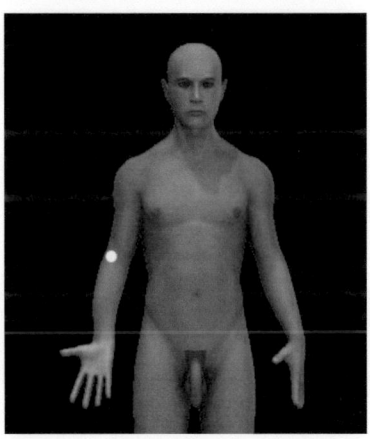

Gallenblase 20

Polarität	Element	Farbe	Wirkung durch
Yang	Holz	grün	Druck, Schlag

Bezeichnung			
deutsch	lateinisch	chinesisch	japanisch
Teich des Windes	stagnum venti	fengchi	-

Lokalisation:
In der Vertiefung zwischen m. sternocleidomastoideus und m. trapecius auf gleicher Höhe mit Lenkergefäß 16.

Gegend:
Hinterkopfgegend

Angriffsrichtung/Angriffswinkel:
Im 45°-Winkel aufwärts.

Waffe/Technik:
Shuto-Uchi, Haito-Uchi, Tuite, Teisho-Uchi

Kata:
Niju Shiho, Unsu

Wirkung/Schaden:
Achtung! Ein Angriff auf diesen Punkt ist sehr gefährlich.

a) durch einen leichten Angriff:
physischer Schaden, Bewusstlosigkeit, Tod

b) durch einen mittleren Angriff:
physischer Schaden, Bewusstlosigkeit, Tod

c) durch einen starken Angriff:
physischer Schaden, Bewusstlosigkeit, Tod

d) allgemein:
schwere Auswirkungen auf den Organismus und das gesamte Nervensystem

Erste Hilfe/Gegenmittel/Energierückführung
Beide Hände von vorne auf die Ohren legen, so dass die Daumen vor dem Ohr und die
Finger in Richtung Nacken zeigen. Danach den Angegriffenen zu uns heranziehen.
Dadurch werden der Nacken und die Kopfseite stimuliert.
Andere Möglichkeit: Leichter Schlag auf Gallenblase 21. Danach beide Hände in
Richtung Schultern wischen. Dadurch wird Yang-Qi aus dem Kopf entzogen.

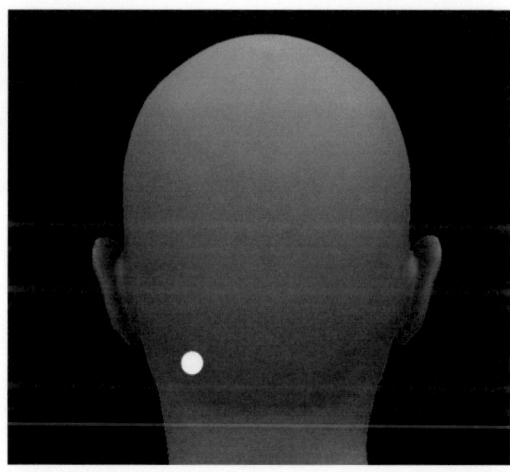

Gallenblase 21

Polarität	Element	Farbe	Wirkung durch
Yang	Holz	grün	Druck, Schlag

Bezeichnung			
deutsch	lateinisch	chinesisch	japanisch
Schulter-Brunnen, Brunnen der Schulter	puteus alae	jianjing	-

Lokalisation:
In der Vertiefung am höchsten Punkt der Schulter, in der Mitte zwischen LG 14 und dem Akromium.

Gegend:
Schultergegend

Angriffsrichtung/Angriffswinkel:
Direkt im 90°-Winkel von oben nach unten.

Waffe/Technik:
Shuto-Uchi, Otoshi-Empi, Otoshi-Uchi, Tuite

Kata:
Heian Yondan, Jion, Goju Shiho Sho

Wirkung/Schaden:

a) durch einen leichten Angriff:
örtlicher Schmerz, Benommenheit

b) durch einen mittleren Angriff:
Bewusstlosigkeit, starker örtlicher Schmerz

c) durch einen starken Angriff:
Bewusstlosigkeit, starker örtlicher Schmerz

Erste Hilfe/Gegenmittel/Energierückführung
Bei Bewusstlosigkeit, sofort reanimieren. Druck auf Lenkergefäß 20 in Richtung der Kopfmitte.

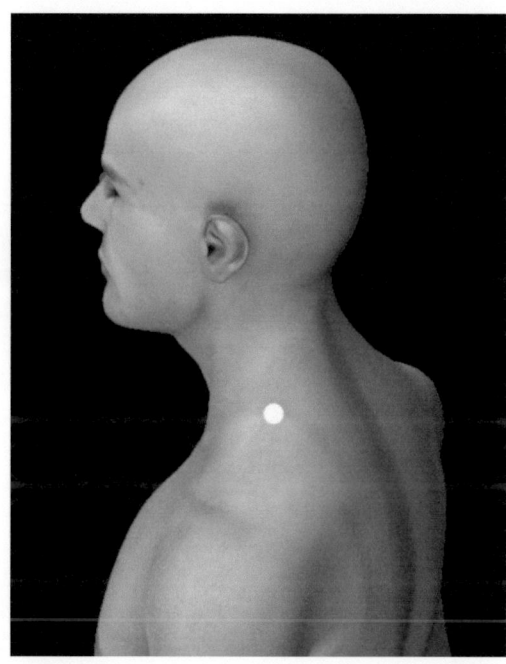

Gallenblase 25

Polarität	Element	Farbe	Wirkung durch
Yang	Holz	grün	Schlag

Bezeichnung			
deutsch	lateinisch	chinesisch	japanisch
Kapitale Pforte, Pforte der Pyramide	porta pyramidis	jingmen	-

Lokalisation:
Am unteren Rand des Endes der 12. Rippe.

Gegend:
Nierengegend

Angriffsrichtung/Angriffswinkel:
Direkt im 90°-Winkel.

Waffe/Technik:
Mawashi-Zuki, Ippon-Ken, Yoko-Empi, Mae-Empi, Mawashi-Empi, Shuto-Uchi

Kata:
Heian Yondan, JiIn, Kanku Dai, Sochin

Wirkung/Schaden:
Achtung! Ein Angriff auf diesen Punkt ist sehr gefährlich.

a) durch einen leichten Angriff:
starker örtlicher Schmerz

b) durch einen mittleren Angriff:
starker örtlicher Schmerz, Nierenschaden

c) durch einen starken Angriff:
schwerer Nierenschaden, Tod

Erste Hilfe/Gegenmittel/Energierückführung
Druck auf Niere 1 und Niere 10 zeitgleich und stark. Sofort reanimieren und einen Arzt rufen.

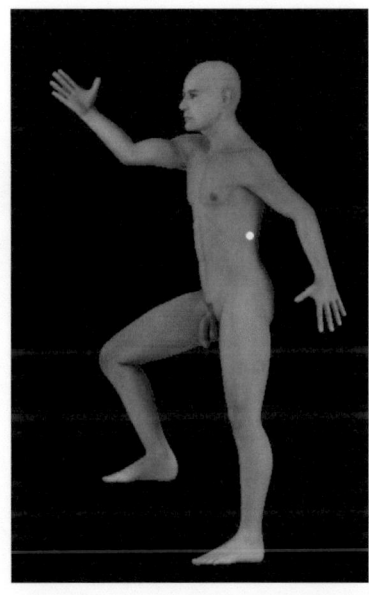

Gallenblase 31

Polarität	Element	Farbe	Wirkung durch
Yang	Holz	grün	Schlag

Bezeichnung			
deutsch	lateinisch	chinesisch	japanisch
Marktplatz des Windes	forum ventorum	fengshi	-

Lokalisation:
An der Außenseite des Oberschenkels, 7 PZ (Cun) oberhalb der Kniegelenksfalte bei stehendem Menschen und herabhängendem Arm an der Stelle, wo die Mittelfingerspitze die Hosennaht erreicht.

Gegend:
seitliche/äußere Oberschenkelgegend

Angriffsrichtung/Angriffswinkel:
Direkt im 90°-Winkel.

Waffe/Technik:
Mawashi-Geri, Mawashi-Hiza-Geri, Hiza-Geri

Kata:
Heian Yondan, Bassai Daj, Bassai Sho, Empi,

Wirkung/Schaden:
Achtung! Ein Angriff auf diesen Punkt ist sehr gefährlich.

a) durch einen leichten Angriff:
örtlicher Schmerz

b) durch einen mittleren Angriff:
Bewusstlosigkeit, Herzrhythmusstörung, Herzstillstand, Tod

c) durch einen starken Angriff:
Bewusstlosigkeit, Herzrhythmusstörung, Herzstillstand, Tod

Erste Hilfe/Gegenmittel/Energierückführung
Magen 32 mit der Handfläche drücken. Sofort reanimieren.

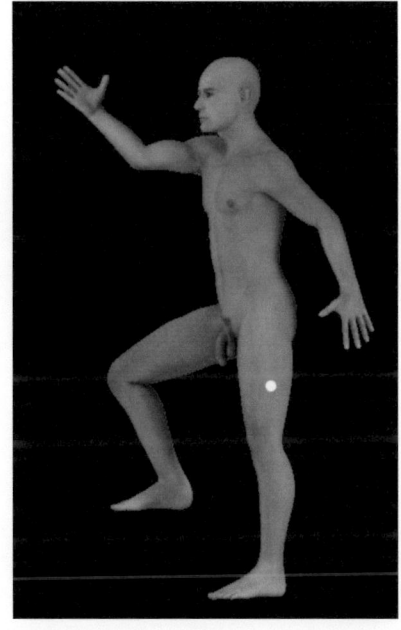

Milz 21

Polarität	Element	Farbe	Wirkung durch
Yin	Erde	gelb	Schlag

Bezeichnung			
deutsch	lateinisch	chinesisch	japanisch
Die große Hülle, Die große Umhüllung	nexorium magnum lienale	dabao	-

Lokalisation:
Auf der mittleren Axilarlinie im 6. Interkostalraum.

Gegend:
seitliche Rumpfgegend

Angriffsrichtung/Angriffswinkel:
Direkt im 90°-Winkel.

Waffe/Technik:
Mawashi-Zuki, Ippon-Ken, Hazami-Uchi

Kata:
Chinte

Wirkung/Schaden:
Achtung! Ein Angriff auf diesen Punkt ist sehr gefährlich.

a) durch einen leichten Angriff:
großer energetischer und physischer Schaden (Leber, Lunge)

b) durch einen mittleren Angriff:
großer energetischer und physischer Schaden (Leber, Lunge)

c) durch einen starken Angriff:
Koma, großer energetischer und physischer Schaden (Leber, Lunge)

Erste Hilfe/Gegenmittel/Energierückführung
Aufwärtsdruck auf Gallenblase 20 und Massage des Bereiches zwischen Milz 20 abwärts zu Milz 21.

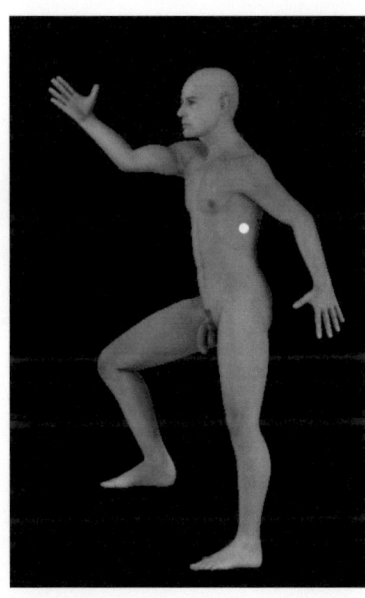

Konzeptionsgefäß 5

Polarität	Element	Farbe	Wirkung durch
Yin	-	schwarz	Schlag

Bezeichnung			
deutsch	lateinisch	chinesisch	japanisch
Das steinerne Tor, Steinpforte	portal apidea	shimen	-

Lokalisation:
2 PZ (Cun) unterhalb des Nabels.

Gegend:
Untere Bauchgegend/Blasengegend

Angriffsrichtung/Angriffswinkel:
Direkt im 90°-Winkel.

Waffe/Technik:
Seiken-Zuki, Mae-Geri

Kata:
Heian Nidan, Heian Yondan, Jion, Sochin, Chinte

Wirkung/Schaden:
a) durch einen leichten Angriff:
Schwächegefühl

b) durch einen mittleren Angriff:
Schwächegefühl

c) durch einen starken Angriff:
Schwächegefühl

d) allgemein:
Die Lebenserwartung des Getroffenen wird reduziert. Es kann zur Unfruchtbarkeit kommen.

Erste Hilfe/Gegenmittel/Energierückführung
Kein Gegenmittel, leichte Massage oder Gymnastik können zur Linderung beitragen.

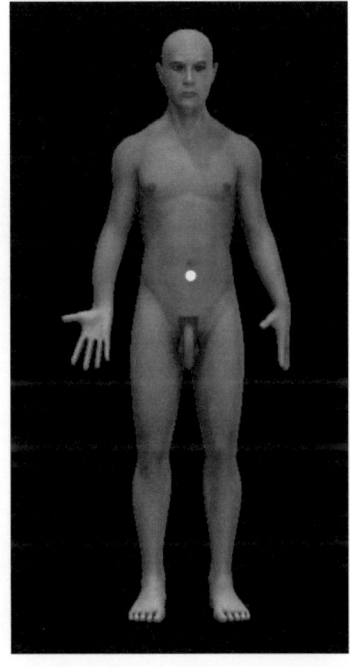

Konzeptionsgefäß 12

Polarität	Element	Farbe	Wirkung durch
Yin	-	schwarz	Schlag

Bezeichnung			
deutsch	lateinisch	chinesisch	japanisch
Sammlungspunkt des Magenfunktionskreises, Mittlere Magengrube	conquisitorium stomachi	Zhongwan	-

Lokalisation:
4 PZ (Cun) oberhalb des Nabels, 4 PZ (Cun) unterhalb des processus xiphoideus.

Gegend:
Brustgegend

Angriffsrichtung/Angriffswinkel:
Im 45°-Winkel schräg aufwärts.

Waffe/Technik:
Ura-Zuki, Hiza-Geri

Kata:
Tekki Shodan, Tekki Sandan

Wirkung/Schaden:

a) durch einen leichten Angriff:
Übelkeit, Erbrechen

b) durch einen mittleren Angriff:
Bewusstlosigkeit, Übelkeit, Erbrechen

c) durch einen starken Angriff:
Bewusstlosigkeit, Übelkeit, Erbrechen

Erste Hilfe/Gegenmittel/Energierückführung
Massage beider Unterarminnenseiten, Arzt oder Akupunkteur aufsuchen.

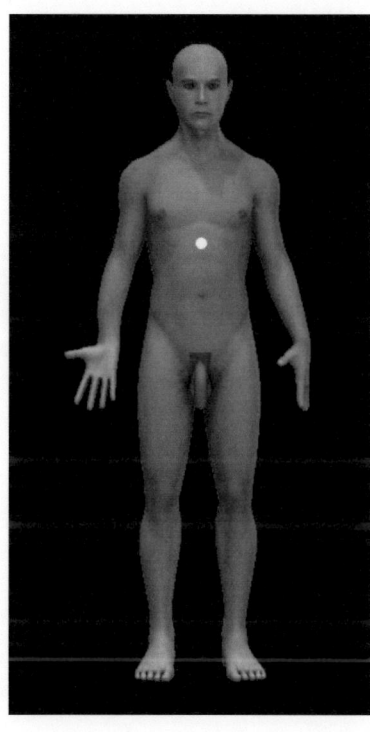

Lenkergefäß 3

Polarität	Element	Farbe	Wirkung durch
Yang	-	weiß	Schlag

Bezeichnung			
deutsch	lateinisch	chinesisch	japanisch
Das Yang-Paßtor der Lenden	clusa yangregentis	yaoyangguan	-

Lokalisation:
Unterhalb des processus spinosus des 4. LWK.

Gegend:
Lendengegend/untere Rückengegend

Angriffsrichtung/Angriffswinkel:
Direkt im 90°-Winkel in Richtung der Wirbelsäule.

Waffe/Technik:
Empi, Hiza-Geri,

Kata:
Heian Yondan

Wirkung/Schaden:

a) durch einen leichten Angriff:
Kontrollverlust über die Motorik der Beine

b) durch einen mittleren Angriff:
Kontrollverlust über die Motorik der Beine, physischer Schaden der Wirbelsäule

c) durch einen starken Angriff:
Kontrollverlust über die Motorik der Beine, physischer Schaden der Wirbelsäule

Erste Hilfe/Gegenmittel/Energierückführung
Wärmebehandlung der getroffenen Region, bei physischem Schaden sofort einen Arzt rufen.

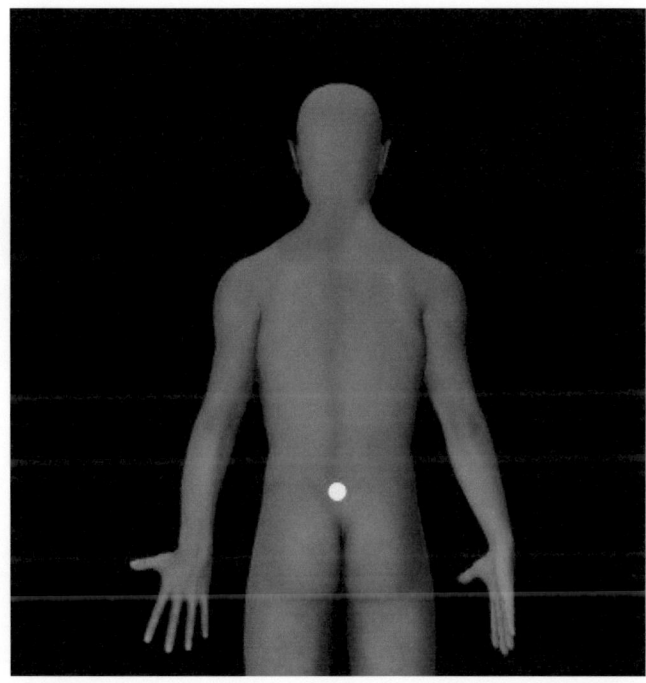

Lungen-Meridian (Lu)

Verlauf:

Der Lungen-Meridian beginnt unterhalb des Schlüsselbeins und endet am radialen Nagelwinkel des Daumens.

Polarität	Element	Farbe
Yin	Metall	weiß, grau

Anzahl der Punkte	Meridian-Uhr	Zuordnung
11	03:00 – 05:00 Uhr	die Stunden des Tigers

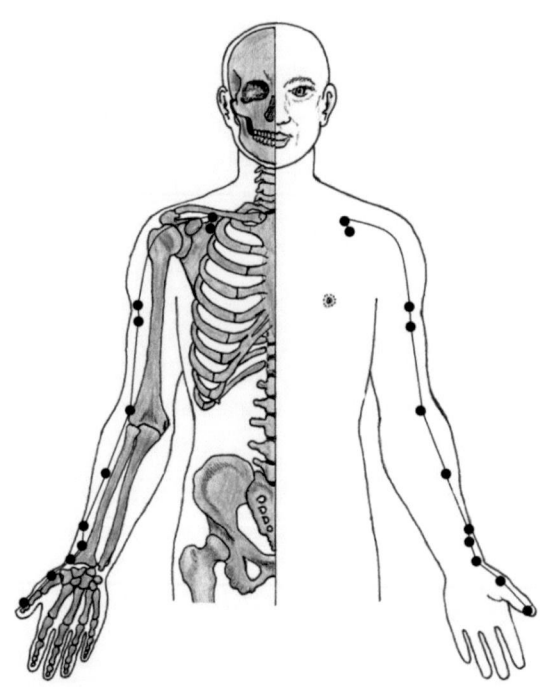

Dickdarm-Meridian (Di)

Verlauf:
Der Dickdarm-Meridian beginnt am radialen Nagelfalzwinkels des Zeigefingers und endet neben dem Mittelpunkt des lateralen Nasenflügelrands auf der gegenüberliegenden Körperseite.

Polarität	Element	Farbe
Yin	Metall	weiß, grau

Anzahl der Punkte	Meridian-Uhr	Zuordnung
20	05:00 – 07:00 Uhr	die Stunden des Hasen

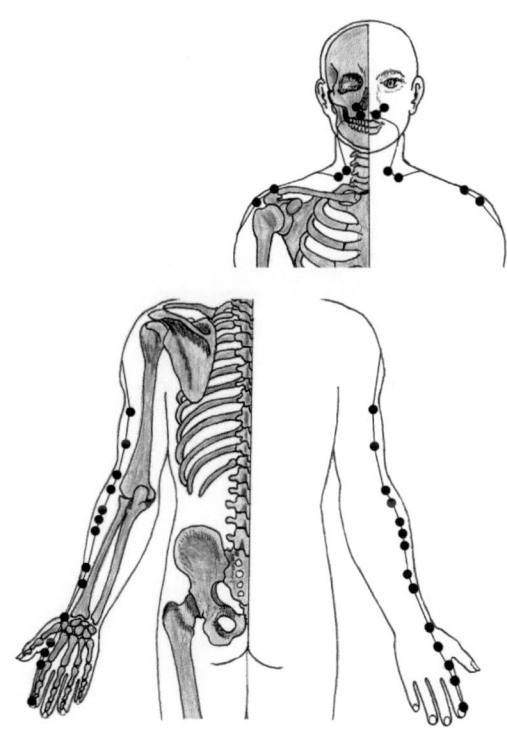

Magen-Meridian (Ma)

Verlauf:
Der Magen-Meridian beginnt am unteren Rand Augenhöhle, unterhalb der Pupille und endet an der kleinzehseitigen Nagelfalz der zweiten Zehe.

Polarität	Element	Farbe
Yang	Erde	gelb

Anzahl der Punkte	Meridian-Uhr	Zuordnung
45	07:00 – 09:00 Uhr	die Stunden des Drachen

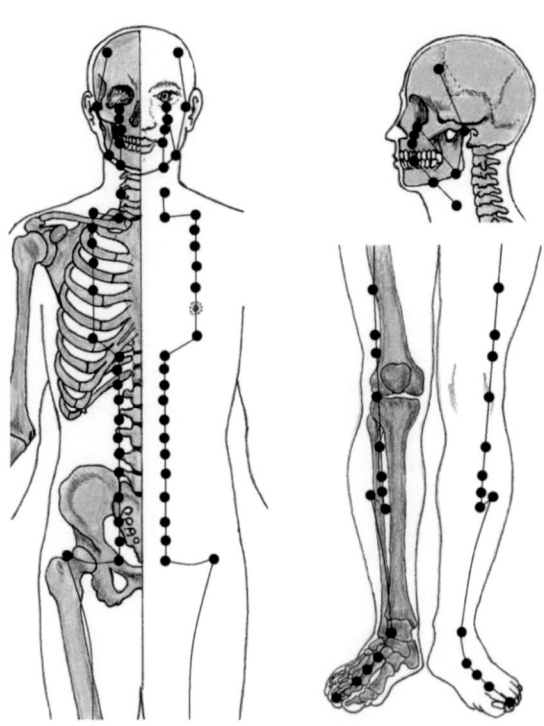

Milz-Meridian (Mi)

Verlauf:

Der Milz-Meridian beginnt an dem zur Körpermitte weisenden Nagelfalzwinkel der großen Zehe und endet am Punkt auf der mittleren Achsellinie im 6. Intercostalraum.

Polarität	Element	Farbe
Yin	Erde	gelb

Anzahl der Punkte	Meridian-Uhr	Zuordnung
21	09:00 – 11:00 Uhr	die Stunden der Schlange

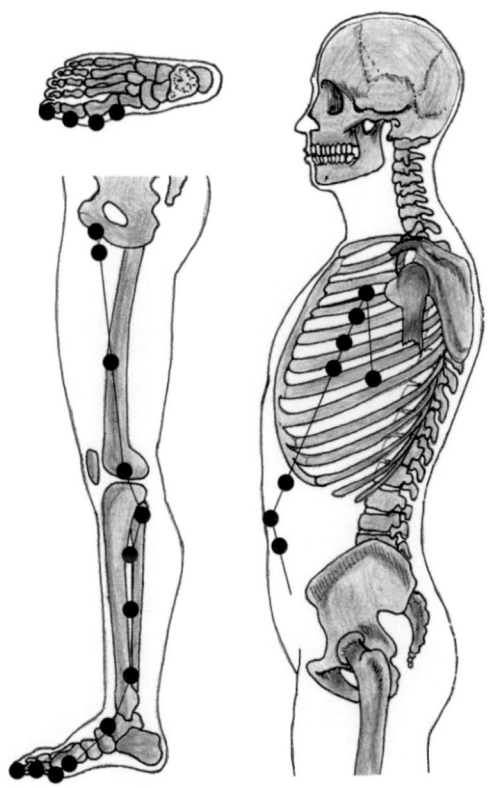

Herz-Meridian (He)

Verlauf:

Der Herz-Meridian beginnt in der Mitte der Achselhöhle und endet an dem daumenseitigen Nagelfalzwinkel des kleinen Fingers.

Polarität	Element	Farbe
Yin	Feuer	rot

Anzahl der Punkte	Meridian-Uhr	Zuordnung
9	11:00 – 13:00 Uhr	die Stunden des Pferdes

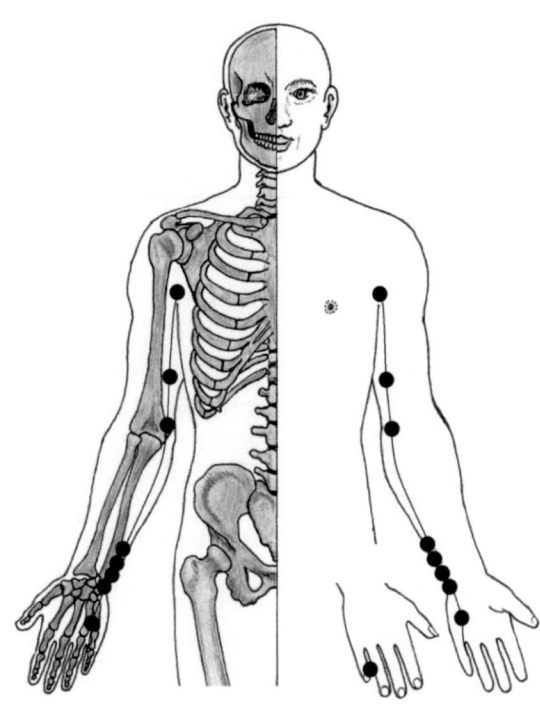

Dünndarm-Meridian (Dü)

Verlauf:
Der Dünndarm-Meridian beginnt am äußeren Nagelfalzwinkel des kleinen Fingers und endet am Punkt zwischen Tragus und Kiefergelenk vor den Ohren.

Polarität	Element	Farbe
Yang	Feuer	rot

Anzahl der Punkte	Meridian-Uhr	Zuordnung
19	13:00 – 15:00 Uhr	die Stunden des Schafs

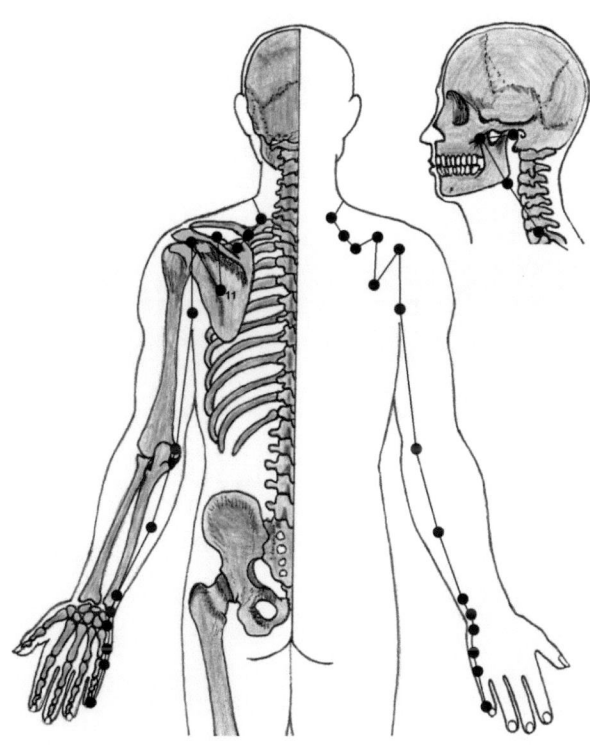

Blasen-Meridian (Bl)

Verlauf:

Der Blasen-Meridian beginnt am Winkel zwischen Augenhöhle und Nasenwurzel und endet am äußeren Nagelfalzwinkel des kleinen Zehs.

Polarität	Element	Farbe
Yang	Wasser	blau

Anzahl der Punkte	Meridian-Uhr	Zuordnung
67	15:00 – 17:00 Uhr	die Stunden des Affen

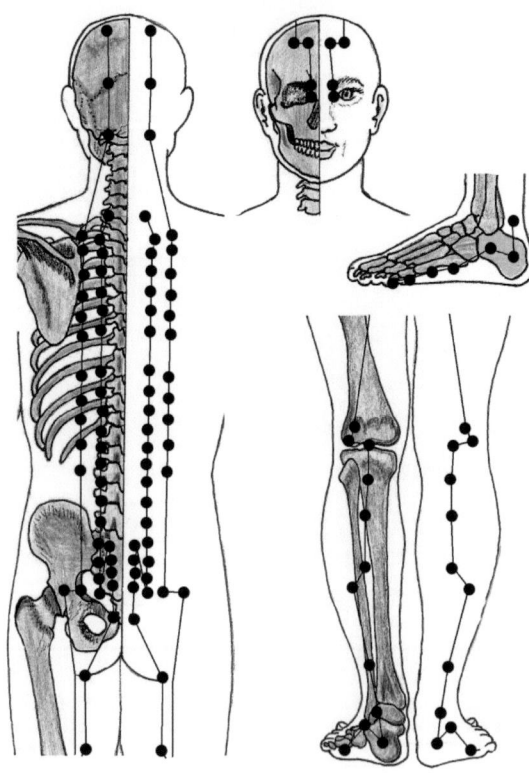

Nieren-Meridian (Ni)

Verlauf:
Der Nieren-Meridian beginnt in der Mitte zwischen dem Zehenballen auf der Fußsohle und endet am Winkel zwischen dem Brustbein und dem Schlüsselbein.

Polarität	Element	Farbe
Yin	Wasser	blau

Anzahl der Punkte	Meridian-Uhr	Zuordnung
27	17:00 – 19:00 Uhr	die Stunden des Hahns

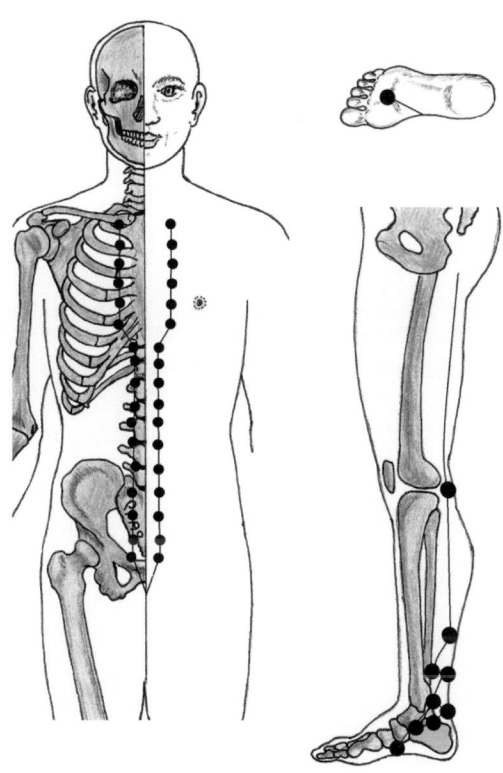

Herzbeutel/Perikard-Meridian (Pe)

Verlauf:

Der Perikard-Meridian beginnt eine Daumenbreite neben der Brustwarze und endet am daumenseitigen Nagelfalzwinkel des Mittelfingers.

Polarität	Element	Farbe
Yin	Feuer	rot

Anzahl der Punkte	Meridian-Uhr	Zuordnung
9	19:00 – 21:00 Uhr	die Stunden des Hundes

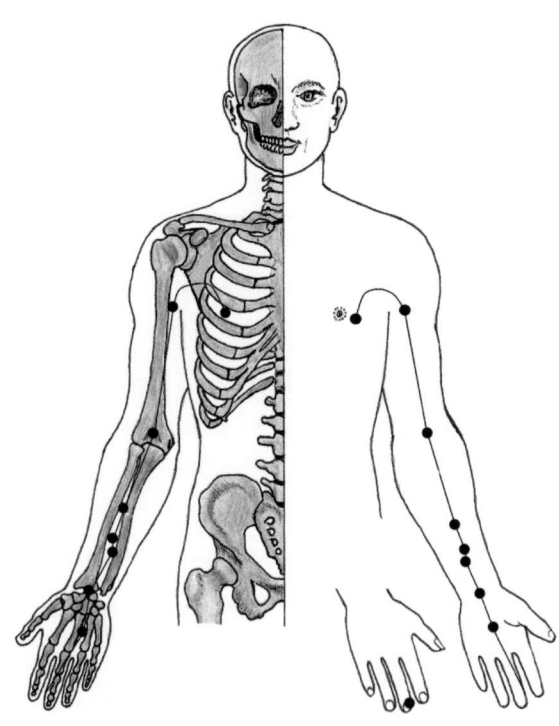

Dreifacher Erwärmer-Meridian (3E)

Verlauf:
Der Dreifacher-Erwärmer-Meridian beginnt am kleinfingerseitigen Nagelfalzwinkel des Ringfingers und endet am äußeren Ende der Augenbraue in einem Grübchen.

Polarität	Element	Farbe
Yang	Feuer	rot

Anzahl der Punkte	Meridian-Uhr	Zuordnung
23	21:00 – 23:00 Uhr	die Stunden des Schweins

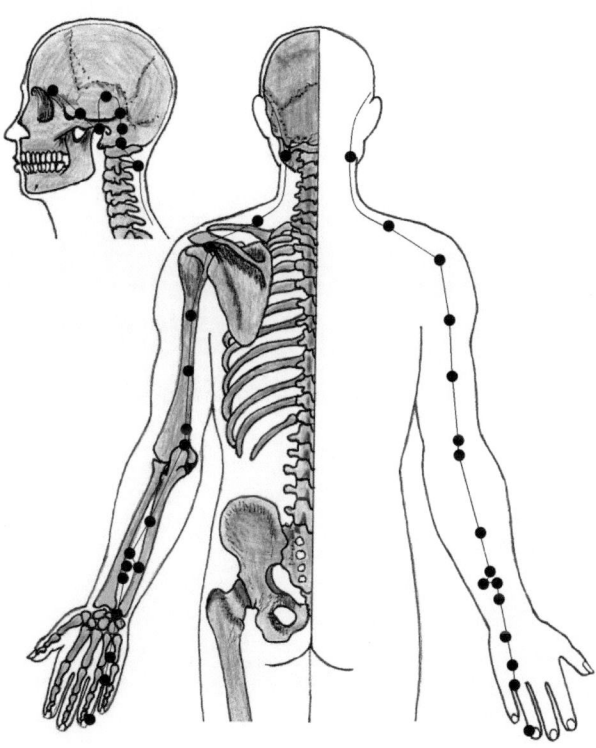

Gallenblasen-Meridian (Gb)

Verlauf:

Der Gallenblasen-Meridian beginnt eine Daumenbreite seitlich des äußeren knöchernen Augenhöhlenwinkels und endet am kleinzehenseitigen Nagelfalzwinkel der vierten Zehe.

Polarität	Element	Farbe
Yang	Holz	grün

Anzahl der Punkte	Meridian-Uhr	Zuordnung
44	23:00 – 01:00 Uhr	die Stunden der Ratte

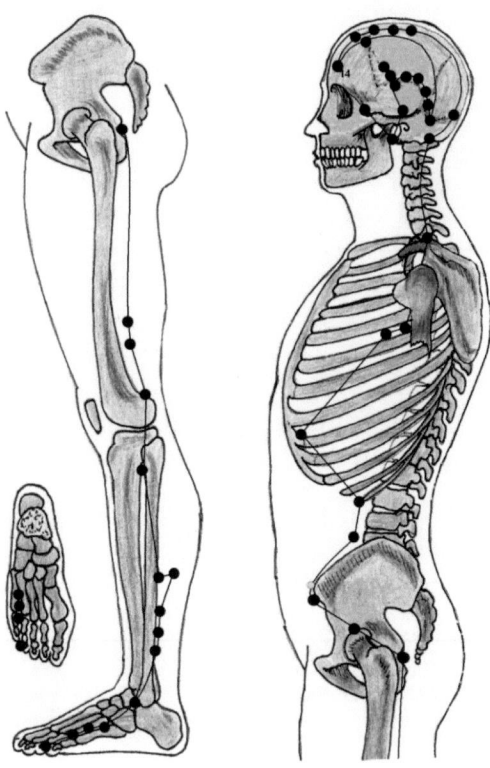

Leber-Meridian (Le)

Verlauf:

Der Leber-Meridian beginnt an dem zur zweiten Zehe weisenden Nagelfalzwinkel der großen Zehe und endet an einem Punkt auf der Medioclavicularlinie zwischen der 6. und 7. Rippe.

Polarität	Element	Farbe
Yin	Holz	grün

Anzahl der Punkte	Meridian-Uhr	Zuordnung
14	01:00 – 03:00 Uhr	die Stunden des Büffels

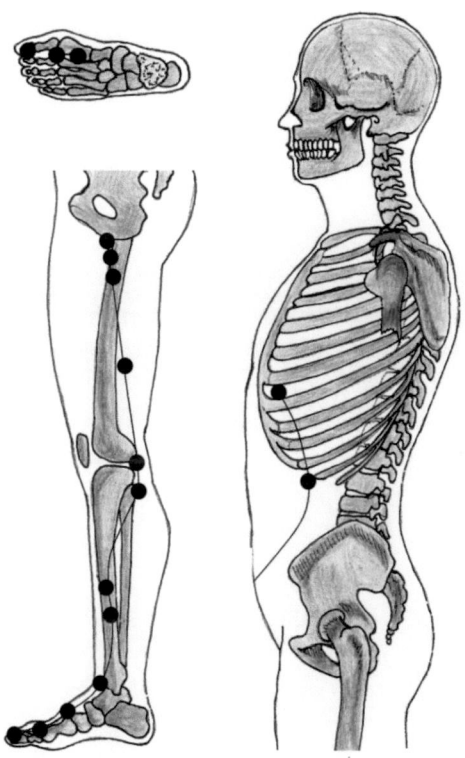

Konzeptions (Zentral)-Gefäß (Renmai) (KG)

Verlauf:
Der Vorder-Meridian beginnt an der Mitte des Schambeins und endet unterhalb der Unterlippe.

Polarität	Element	Farbe
Yin	-	schwarz

Anzahl der Punkte	Meridian-Uhr	Zuordnung
24	-	-

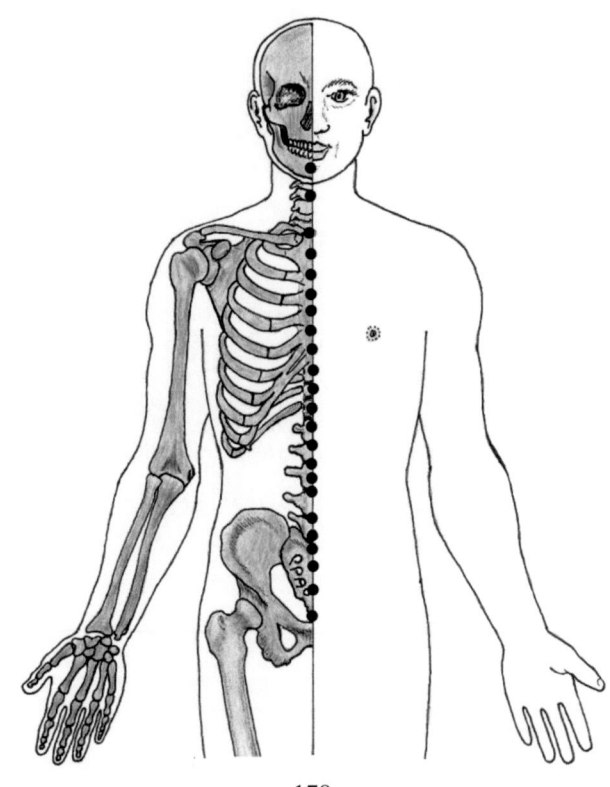

Lenker (Gouverneurs)-Gefäß (Dumai) (LG)

Verlauf:
Der Hinter-Meridian beginnt über dem Steißbein und endet oberhalb der Oberlippe.

Polarität	Element	Farbe
Yang	-	weiß

Anzahl der Punkte	Meridian-Uhr	Zuordnung
28	-	-

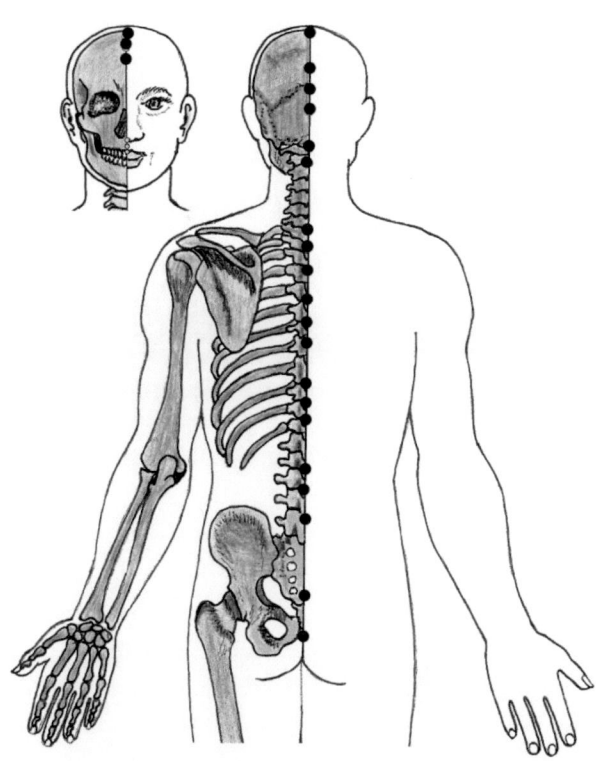

Die Maßeinheit (Cun, PZ)

Die Maßeinheit, die wir zur Lokalisation der Vitalpunkte benutzen, wird als CUN oder PZ(Proportionalzoll) bezeichnet. Diese Maßeinheit bezieht sich immer auf den eigenen Körper.

1 Cun (PZ)

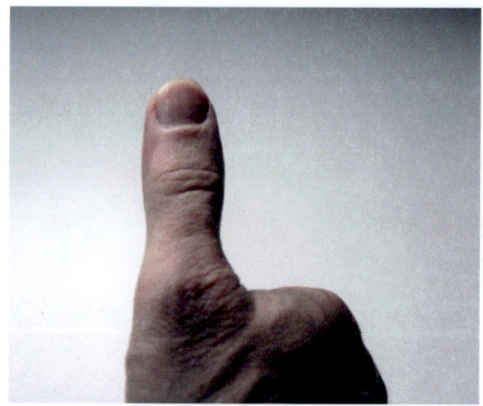

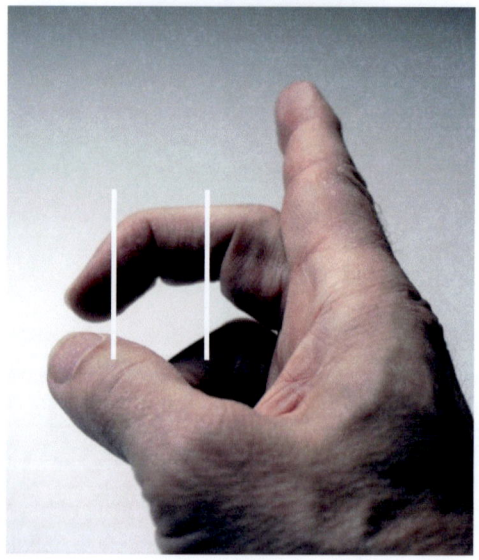

1,5 Cun (PZ)

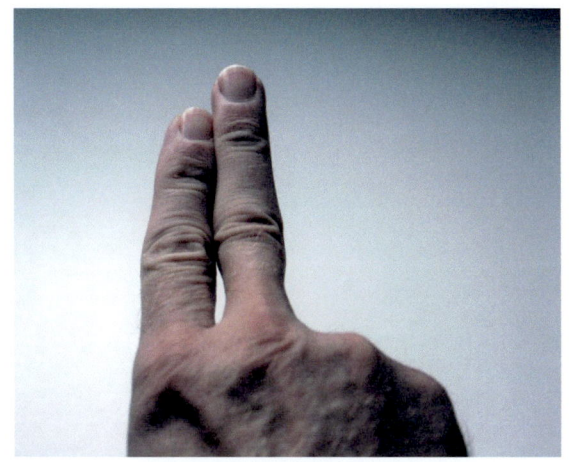

2 Cun (PZ)

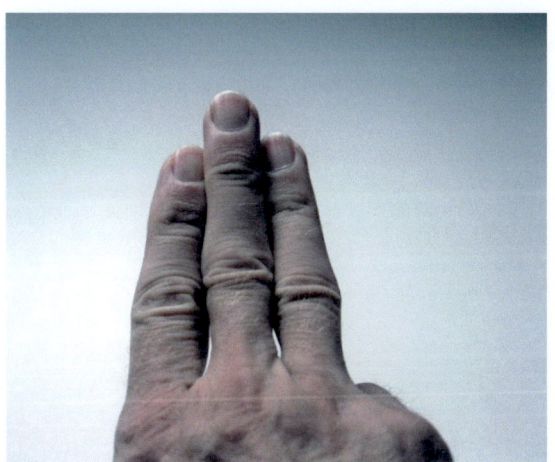

3 Cun (PZ)

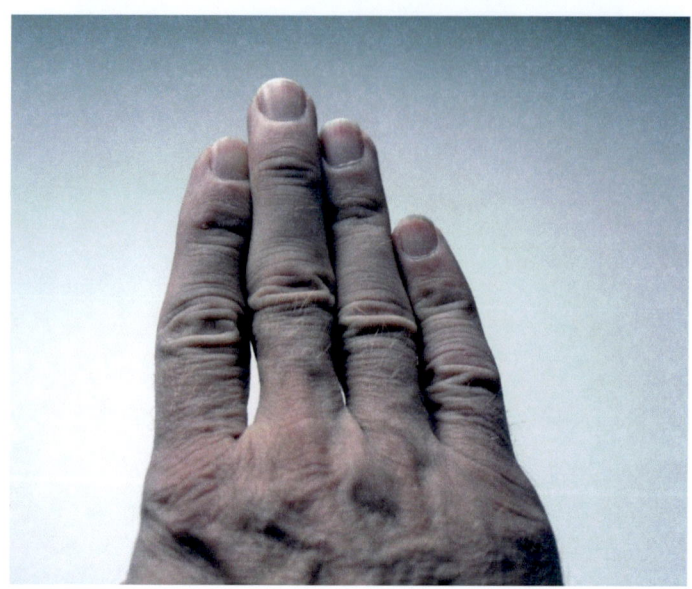

Wichtige Begriffe

Carpus: Handgelenk
Clavicula: Schlüsselbein
Costae: Rippen
Femur: Oberschenkelknochen
Fibula: Wadenbein
Humerus: Oberarmknochen
Mandibula: Unterkiefer
Maxilla: Oberkiefer
Meridiane: Energieleitbahnen im Körper
Olecranon: Ellenbogen
Ossa Metacarpi: Mittelhandknochen
Ossa Metatarsi: Mittelfußknochen
Patella: Kniescheibe
Phalanges: Finger- und Zehenknochen
Radius: Speiche (Daumenseite am Unterarm)
Scapula: Schulterblatt
Sternum: Brustbein
Tibia: Schienbein
Ulna: Elle (Kleinfingerseite am Unterarm)

Allgemeine Begriffe:

Costal: von/an den Ripppen
Distal: weiter vom Ansatz/am Rumpf entfernt
Dorsal: nach hinten, vom/am Rücken bzw. Hand- und Fußrücken
Fibular: von/an der Aussenseite von Bein und Fuß
Frontal: von/an der Stirn
Kaudal: abwärts in Richtung der Füße
Kranial: in Richtung Kopf
Lateral: Richtung Körperaußenseite, weiter von der Mittellinie des Körpers entfernt
Lumbar: von/an den Lenden
Medial: Richtung Körpermitte, an oder bei der Mittellinie des Körpers
Mental: vom/am Kinn
Nuchal: vom/am Nacken
Occipital: vom/am Hinterkopf
Orbital: vom/am Auge
Palmar: die Hohlhand betreffend
Plantar: die Fußsohle betreffend
Proximal: näher am Ansatz am Rumpf
Radial: zur Daumenseite, an der Daumenseite von Arm und Hand
Supraorbital: über dem Auge
Temporal: von/an der Schläfe
Thenar: vom/am Daumenballen
Thoracis/Thoracal: von/an der Brust
Tibial: von/an der Innenseite von Bein und Fuß
Ulnar: zur Kleinfingerseite, an der Kleinfingerseite von Arm und Hand
Ventral: nach vorne

Quellenverzeichnis

Achim Keller, Kyusho-Combat, Books on Demand 2013

Achim Keller, Zendoryu Martial Arts, Books on Demand 2012

Roland Habersetzer, Bubishi – An der Quelle des Karatedo, Palisander-Verlag

Gichin Funakoshi, Karate-Do Kyohan – The Master Text, Kodansha International Ltd.

Carl-Hermann Hempen, dtv-Atlas zur Akupunktur, Deutscher Taschenbuch Verlag, München

Weitere Literatur von Achim Keller

Kyusho Combat – Das Kompendium

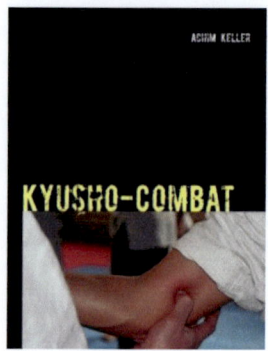

ISBN 978-3-8482-6379-0

Zendoryu Martial Arts

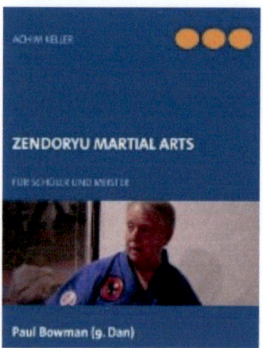

ISBN 978-3-8482-0528-8

Kontakte

www.kyusho-combat.de
www.budokan-essen.de
www.kyusho-jitsu.de
www.zendoryumartialarts.com